智元微库
OPEN MIND

成 长 也 是 一 种 美 好

职场答案簿

墨子连山 著

人民邮电出版社
北京

图书在版编目（CIP）数据

职场答案簿 / 墨子连山著. -- 北京 : 人民邮电出版社, 2022.3
ISBN 978-7-115-58427-4

Ⅰ. ①职… Ⅱ. ①墨… Ⅲ. ①职业选择－通俗读物 Ⅳ. ①C913.2-49

中国版本图书馆CIP数据核字(2021)第268602号

◆ 著　　　　墨子连山
　　责任编辑　陈素然
　　责任印制　周昇亮
◆ 人民邮电出版社出版发行　　北京市丰台区成寿寺路11号
　　邮编 100164　　电子邮件 315@ptpress.com.cn
　　网址 https://www.ptpress.com.cn
　　天津翔远印刷有限公司印刷
◆ 开本：720×960　1/16
　　印张：14.5　　　　　　　　　2022年3月第1版
　　字数：240千字　　　　　　　2022年3月天津第1次印刷

定　价：59.80元
读者服务热线：（010）81055522　印装质量热线：（010）81055316
反盗版热线：（010）81055315
广告经营许可证：京东市监广登字20170147号

从职场新手到管理者
再到连续创业者

不知道各位是否有这样的困惑,自己上学时学的"专业课"知识在毕业之后很多都记不清了,从此便与它们无缘再见。既然如此,这些课程为什么要叫"专业课"呢?毕竟在今后的几十年中,职场才是你的"专业",但是对于这个专业,你上过哪怕一门专业课吗?并没有。那么,难道不应该有一门关于职场的专业课吗?要我说,不但应该有,而且应该是必修课,并且不应该是一门心灵鸡汤似的"水课",而是专注于回答"怎么办"的"硬课"。可这么有意义的事偏偏我没发现有人在做,那我就自告奋勇、当仁不让了。

我毕业后在国外做算法工作,之后回国从事管理咨询行业,很幸运这是我感兴趣的行业。我在心仪的企业一步步从基层管理者做到高层管理者,直到后来自己创业。多年的摸爬滚打让我经历了公司内部各个层级的岗位,也获得了一些从外部视角审视公司的机会,而创业经历更让我获得了把公司从 0 做到 1 的宝贵经验。

作为一个"过来人"，我不希望别人继续走我走过的弯路，也不希望别人不断地踩我踩过的坑。因此，在将近20年的职场生涯里，我不遗余力地培养团队，为公司员工做培训，解答大家在职场中遇到的种种困惑，现在已经被大家亲切地称作"教练"。

多年积累的职场经验让我既可以与员工共情，也可以站在基层管理者的角度分析问题，更可以站在高层管理者的角度审视全局；既了解业务部门的心思，也清楚职能部门的想法；既能亲临一线指导团队，也能跳出繁杂的事务站在更高维度观察问题。看问题的角度多了，也就能把问题看得更透彻了。在这么多年的"教练"生涯中，自己也算"不负众望"，带出了不少优秀的团队和员工，指导过的员工数以万计，用他们的话说，我的内部培训也可以算是"一票难求"了。

培训得多了，回答的问题也更多。逐渐地，我发现问题虽然五花八门，但本质上大家的困惑只集中在其中的某几个点上。为了提高培训效率，也为了让自己从不断地反复说教中解脱出来，我把培训内容及其中的高频重点整理出来，以期让更多人受益，于是就有了本书。你可以把这本书当作职场问题的答案簿，它会手把手地教你从职场新人开始，一步一个脚印地成长为高手。

通过这本书，你将学到以下内容。

作为职场新人，你进入职场的第一个任务就是做"职业规划"。在第一章我会手把手地教你做职业生涯规划、成为团队主力，并且一步一个脚印地打造个人职场品牌。

度过了新手期，你就要开始训练职场"基本功"了。第二章集合了我通过实践筛选出来的、极为实用的职场技能和工具，我会将其掰开揉碎、一个环节一个环节地教给你。这些工具会帮助你实现职场进阶。

有了工具就相当于学会了"招式"，接下来的关键是如何运用好这些招式。在第三章我将教会你运用招式的"心法"，掌握一些思维框架。这样，再复杂的工具你也可以运用自如。

在职场工作从来不是单打独斗，而是团队协作，协作就需要沟通。正所谓"气儿顺了，事儿才能顺"。在第四章，我将教你找到符合逻辑的沟通起点，学会与对方共情，让对方接纳你、愿意与你合作共赢。

正所谓"知己知彼，百战不殆"，在你希望与对方共情、让对方在情绪上接纳你之前，首先要做的是梳理清楚自己的情绪。在第五章，我将分享如何梳理情绪、避免情绪失控。对情绪收放自如，你才能在职场上走得更远。

掌握了工具，学会了使用方法，熟悉了沟通，掌控了情绪，这时你已经跻身"高手"之列，是时候进阶到管理领域了。在第六章，我将分享一些管理技术，管理首先是技术，其次是艺术；管事是技术，管人是艺术。所谓"没有金刚钻就别揽瓷器活儿"，想成为领导，这些管理技术是你不可或缺的工具。

管理者的工作方式是依靠团队达成目标，这其中，管事容易，管人很难，所以说管人是艺术。在第七章，我将分享管人这门艺术的基本框架——"招培用留"，也就是团队建设的"四门功课"。

说到人，不论是提升自己还是管理团队，最大的阻碍永远是认知局限。"不知道自己不知道"是认知局限，"知道自己不知道"是突破认知局限。在第八章，我将分享如何突破认知局限，帮你跨过提升自我的第一个障碍。

掌握了所有技能，拥有了深厚的"内功"，跨过了一个个认知障碍，此时你已具备做"老板"的所有先决条件，已经成为职场上"金字塔顶端的人"。然而一千个创业者就有一千条路，我不知道哪条路必然通往成功，却可以告诉你哪条路可能通往失败。最后一章，我将告诉你创业路上你应当做和不应当做的事。

以上是对本书内容精华的概括，我希望它不只是一本实战指南，更能成为每一位职场人办公桌上的参考书、工具书，甚至是必备的职场答案簿，当你在职场中遇到问题时，记得翻阅这本书，它可以带给你答案。

目
录

上篇
什么是好员工

第一章　职业规划——打造个人品牌

作为职场新人，你进入职场的第一个任务就是做"职业规划"，在第一章我会手把手地教你做职业生涯规划、成为团队主力，并且一步一个脚印地打造个人职场品牌。

第二章　职场技能——工具百宝箱

度过了新手期，你就要开始训练职场"基本功"了，第二章集合了我通过实践筛选出来的、极为实用的职场技能和工具，我会将其掰开揉碎、一个环节一个环节地教给你。这些工具会帮助你实现职场进阶。

第三章　　基本能力——必修内功

有了工具就相当于学会了"招式"，接下来的关键是如何运用好这些招式，在第三章我将教会你运用招式的方法，掌握一些思维框架。这样，再复杂的工具你也可以运用自如。

第四章　　人际协作——在职场中游刃有余

在职场工作从来不是单打独斗，而是团队协作，协作需要沟通。正所谓"气儿顺了，事儿才能顺"。在第四章，我将教你找到符合逻辑的沟通起点，学会与对方共情，让对方接纳你、愿意与你合作共赢。

第五章　　情绪管理——做情绪的主人

正所谓"知己知彼，百战不殆"，在你希望与对方共情、让对方在情绪上接纳你之前，首先要做的是梳理清楚自己的情绪。在第五章，我将分享如何梳理情绪、避免情绪失控。对情绪收放自如，你才能在职场上走得更远。

下篇
什么是好管理者

第六章　　管理能力——职场高手

掌握了工具，学会了使用方法，熟悉了沟通，掌控了情绪，这时你已经跻身"高手"之列，是时候进阶到管理领域了。在第六章，我将分享一些管理技术，管理首先是技术，其次是艺术；管事是技术，管人是艺术。所谓"没有金刚钻就别揽瓷器活儿"，想成为领导，这些管理技术也许是你不可或缺的工具。

第七章　团队建设——职场中的艺术

管理者的工作方式是依靠团队达成目标，这其中，管事容易，管人很难，所以说管人是艺术。在第七章，我将分享管人这门艺术的基本框架——"招培用留"，也就是团队建设的"四门功课"。

第八章　认知格局——降维打击

说到人，不论是提升自己还是管理团队，最大的阻碍永远是认知局限。"不知道自己不知道"是认知局限，"知道自己不知道"是突破认知局限。在第八章，我将分享如何突破认知局限，帮你跨过提升自我的第一个障碍。

第九章　极致体验——创业

掌握了所有技能，拥有了深厚"内功"，跨过了一个个认知障碍，此时你已具备做"老板"的所有先决条件，已经成为职场上"金字塔顶端的人"。然而一千个创业者就有一千条路，我不知道哪条路必然通往成功，却可以告诉你哪条路可能通往失败。最后一章，我将告诉你创业路上你应当做和不应当做的事。

什么是好员工

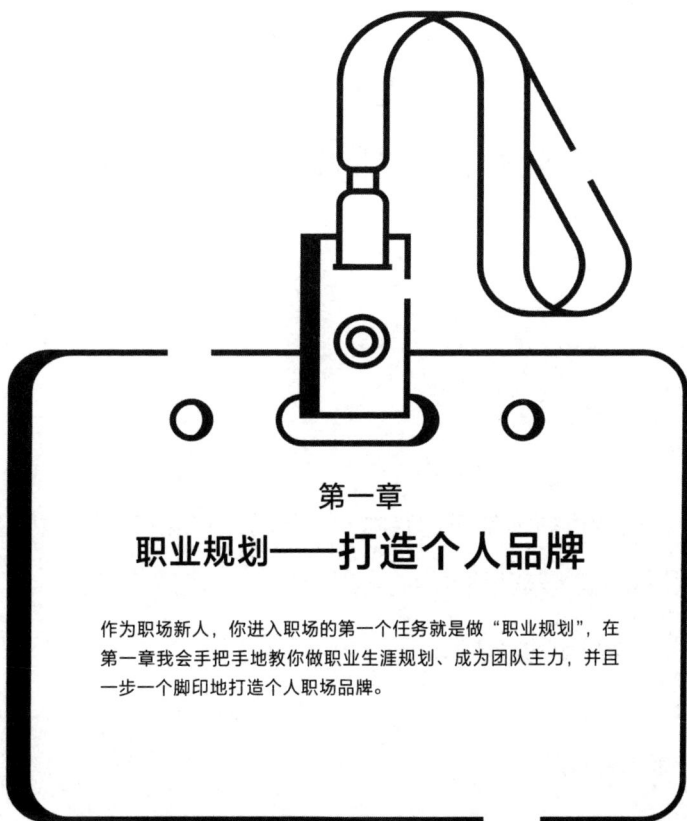

第一章

职业规划——打造个人品牌

作为职场新人，你进入职场的第一个任务就是做"职业规划"，在第一章我会手把手地教你做职业生涯规划、成为团队主力，并且一步一个脚印地打造个人职场品牌。

01

职场新人：如何度过新手期

仍然把自己当作学生

数不清的职场新人都问过我同一个问题，有没有一句话可以帮助他们度过职场新手期？我的回答是，至少在工作的前 2~3 年，"仍然把自己当作学生"。

为什么这样说？

首先你要清楚职场需要的基本技能是什么？是沟通，在这项技能方面你本就是学生。曾经我误以为自己读了很多书就可以"指点江山"，可后来却发现，很多职场中常见的问题不但书中没有，甚至在遇到这些问题之前都想不到自己会遇上。

例如，领导让你去找财务人员要一份报表，如果你找到了财务人员直接开口和他要报表，估计会无功而返，他会问你"你要报表做什么"，你如果说是领导让你来要的，他可能会说"那让你领导过来"，这时你要怎么办？如果你回去问领导，他要这个报表做什么，那你又会发现，你问多了领导或许会不耐烦地说"让你做点事怎么这么费劲"，然后领导自己去找财务人员了，留下你独自尴尬……

为什么你总会遇到让你觉得莫名其妙的沟通问题呢？答案很简单，因为你没有进行过沟通训练。在学校读书时，大家的主要任务是好好学习，考个好成绩，这个过程中需要沟通吗？不太需要，所以你不知道如何处理沟通问题再正常不过。但是不要紧，作为一名刚毕业的学生，学习是你所擅长的，你可以仔细观察职场前辈们的做法，模仿他们，甚至照搬他们的话术来解决问题。

当年我在做咨询时，在工作中需要询问客户很多问题，有时客户厌烦了会反问我"你们这些顾问究竟是来做什么的，怎么什么都问"，这时场面就会变得很尴尬。后来我看到一位有经验的同事在遇到类似问题时，会不紧不慢地回答"顾问嘛，就是被'雇'来问你们的"，然后大家调侃几句，访谈又可以继续下去了。

这只是个简单的谐音梗吗？不，这句话可没那么简单，他的回答里强调了"被雇来"三个字，那么他是被谁雇来的？是管理层，言外之意就是，我是被管理层支持的，你最好积极配合我的工作。我当时听了他的回答觉得很经典，于是再遇到类似问题时，我就会照搬这句话，几乎每次都可以起到"敲山震虎"的作用。你看，我的沟通能力就这样进步了。

学习时要带着谦逊，把职场中的前辈当作老师来尊重，你尊重他，他也会尊重你。你可以把和你同一批进来的同事当作同学，你们不是竞争关系。永远别把身边的人当作对手，你选择对手的层次决定了你自己的层次，如果你的对手都在你身边，那么你的格局也就仅此而已了，只有当你的对手全部来自竞品公司时，你才算拥有了放眼整个行业的格局。

说到学习，你要知道学习是要交学费的，而在公司学习不但不用交学费，还能拿工资，难道还有比这更划算的事吗？所以，当你还是职场新人时，不要过分计较工资，而是要看公司的品牌，大公司、知名公司给你带来的影响，不是每个月多拿点工资可比的。从公司的角度看，招聘应届毕业生在第一年其实是亏本的，那公司为什么还要招毕业生呢？因为公司期待用一年的时间将其培养成才，这样他就能不断为公司创造收益，如果这位毕业生能够持续成长，那对公司来说无疑十分有利。所以，一般公司里初级岗位的薪酬都是固定的，浮动很小，而且公司不会给新人多少讨价还价的余地，所以你也没必要花心思琢磨这些。

学习是需要周期的，职场新人的学习期一般是 3 年左右，成长速度快的至少也需要 2 年。所以在一般情况下，你至少要在有了 2 年的经验积累之后，再考虑跳槽。以我的招聘经验来说，那些入职 1 年或更短时间就跳槽的人的简历通常会被直接筛掉，这也是多数公司的筛选标准，因为在公司看来，这样的简历属于有明显瑕疵的简历。在学习期的两三年时间里，你需要每半年更新一次自己的简历，更新简历的目的是看看自己在这半年中是否有进步。如果简历中可更新的内容很多，说明你有进步了；如果没什么可更新的，那就说明你这半年来没什么进步，需要加把劲儿了，否则在现在的公司可能会被淘汰。像在学生时代时一样，把半年当作一个学期，把每半年的简历更新当作期末考试，以此测试自己的价值，这样就可以及时发现问题、解决问题。

如何替领导分忧

既然说到把自己当作学生，那么职场新人只要做个好学生就够了吗？显然不够，这也是公司和学校最大的区别。公司的投入是要求回报的，即便知道第一年会亏本，但任何公司都不想血本无归，这种回报最直观的体现就是你的领导需要你来替他分忧。

如何替领导分忧？其实，在公司里不管领导的职级多高，他们对下属的期望永远都只有两个字，不是"忠诚"，也不是"能力"，而是"省心"。为什么是省心？以互联网公司为例，通常一家网络公司的发展历程如下：创始人筚路蓝缕，把公司从 0 发展到 0.1，使公司商业模式的前景能够看到一丝希望，接下来他需要人来帮他把这个希望落到实处，所以他会找几位合伙人，让他们各司其职。例如寻找一位首席运营官（Chief Operating Officer，COO）负责运营，再寻找一位首席技术官（Chief Technology Officer，CTO）负责产品技术，等运营和产品技术都有了负责人之后，这个公司的组织结构基本就搭建完毕，那么剩下的事情就是大家努力经营，把公司从 0.1 带到 1，去验证这个商业模式了。等公司的商业模式得到验证后，接下来就该扩大商业规模了，此时核心团队的精力已经到达了极限，公司需要招聘更多的员工，需要大家共同努力，继续把公司从1做到10。眼看公司越做越大，分工越来越细，这时就需要越来越多的专业人才，于是首席财务官（Chief Financial Officer，CFO）、首席人力资源官（Chief Human Resource Officer，CHO）等纷纷加入，公司的组织结构和规模也愈发庞大。

公司做大的过程就是创始人把职责一层层分摊下去的过程，公司里的各级领导在招聘时的原始诉求都是一样的，就是招到可以帮自己分担一部分工作的人，然后自己好集中精力去做更重要的工作。所以说，领导对下属的要求就是"别让我操心"。例如，领导希望你把数据整理清晰，让他拿到之后可以直接分析；领导希望你把PPT的格式调整好，让他拿到之后可以直接向老板汇报；领导希望你帮他编辑一封邮件，让他收到之后可以直接把它发给相关部门确认，等等。总之，领导对下属的期待就是下属可以帮他把这些繁杂的事务性工作处理好，让他可以省心。由此可以想象，当数据出错、PPT格式混乱、邮件附件粘错等一系列低级错误出现时，领导会有多愤怒了，本指望下属能让他省心，结果不但不省心，反而还添乱，这种现实与预期之间的巨大落差会让他怒火中烧。你也可以试着换位思考一下，如果别人做出的报告错漏百出，导致你在用这个报告向领导汇报时被领导批评，你有何感想？所以对于职场新人来说，最重要的一项基本素质是"仔细"，如果你的工作错误率在 10% 以上，那么你就要做好随时被辞退的准备了；如果错误率在 5%~10%，那么你基本只能做一些边缘工作；如果错误率在 1%~5%，那么你可能会成为领导眼中的得力干将；如果错误率在 1% 以下，那么你将有机会接触核心业务甚至被委以重任；如果你能保证一直不犯错误，那么你将成为升职加薪时被优先考虑的对象。

02

升级：成为领导最信任的员工

如何成为领导最信任的员工？正如我们刚刚讲到的，领导对员工的期待其实只有"省心"二字，但别看只有两个字，深究起来，"省心"也是有段位的。

初级段位，把领导交代的事务性工作做好。

假如你尚处于这一初级阶段，你可能会问什么是事务性工作？事务性工作就是一些繁杂的琐碎劳动，例如修改 PPT 格式、制作表格、组织会议、做会议纪要、收发邮件……别看这些都是小事，绝大多数人做得并不好，为什么做得不好？不是因为这些事有多难，而是因为太多人根本没把这些事当作重要的事。比如，领导让你做一个 PPT，你做好了之后发给他，领导发现PPT 里面字体、字号不统一，这时他一定会不高兴。或许一些人以为这不过是一点"小问题"，调整一下就好。但是领导会站在不同的思考角度，他会想到如果他没发现这些问题，直接用了你做的PPT，那他在向他的领导汇报时会不会因此出一些"洋相"，受到不必要的质疑？他的领导会怎么看他？并且你还要想到，领导很忙，哪有时间帮你一一纠正这些"小问题"？如果他有时间帮你挑问题，那完全可以自己做，也就不需要你来做了。所以就算是处于初级段位，最起码的要求也是在做事务性工作时不要出现"小问题"。

入门段位，做到不要让领导催。

很多人不明白，为什么领导总是很没耐心地一直催。你不妨试着站在领导的角度换位思考一下，假如领导有5个下属，每个下属有5件事要做，那么他就要盯着25件事，而且这些事情中间彼此关联，前一个人的事情没做完，后一个人的事情就没办法开始，甚至连工作计划都做不了，这就是绝大多数项目会延期的原因。如果这其中有人迟迟不向领导汇报项目目前的进度，导致他根本不知道项目会不会受到影响，或者会受到多大影响，此时领导要怎么办？当然是催下属汇报进度，哪怕进度慢了也要如实汇报，而此时下属对自身工作及整个项目的进度快慢并没有清晰的认知，领导的这种行为在下属眼里就成了催。但领导愿意催吗？他不愿意，因为催也是很耗费精力的，但当下他没有更好的办法。为什么催还耗费精力呢？因为领导首先要记着这件事，然后才能催。领导百忙之中还要时刻记着催，甚至可能还不止催一个人，而是催每一个人、每一件事，这对精力的消耗无疑是巨大的。

那么怎样才能不被领导催呢？这涉及向上管理，我们在下文中会详细讲到，这里先简单介绍一下。向上管理的前提是你已经与领导进行了短则一个月、长则半年的磨合——如果超过半年你们还没磨合好，那你就危险了。磨合的过程实际上就是你寻找向上管理办法的过程。虽然每个领导性格不同，习惯的沟通方式也不同，但在向上管理中，有一点是不可或缺的，那就是它必须建立在充分沟通的基础之上。至于不同沟通方式所产生的沟通效果，从大到小排序依次是当面沟通、实时语音、文字信息、邮件或报告。你需要想尽一切办法与领导建立沟通机制，在沟通中主动汇报工作进展，这样他就不用一直记着你的那些工作，因为他知道你会主动向他汇报。如此经过一段时间，你们之间的信任就会慢慢建立起来，这样一来，领导省心了，而你也不会被催了，你与领导达成了双赢。

进阶段位，学会催领导。

这是升级版的向上管理，很多人以为，把审批邮件发给领导之后自己的工作就完成了，可是领导有那么多邮件、那么多会议、那么多审批，怎么可能全部都及时处理呢？

例如我就遇到过这样一件事，当时有一个紧急款项等待支付，付款之前有一系列协议需要签署，我把相关工作交给相应团队的负责人，并告诉对方这个事情很着急，需要优先处理，处理完务必通知我，我会第一时间审批，叮嘱完我就去开会了。会议的时间很长，这段时间内我没有去看邮件，因为我每天会收到几百封邮件，并且不是每一封都需要我马上处理，处理起来也很耗时，所以我并不会盯着邮箱。但是我会一直关注微信，如果有紧急的事情可以通过微信联系我。开完会，我才想起来那个紧急款项的审批，于是我找来负责人询问，他说自己已经处理好了。但没有收到要我审批的通知，于是他又把他所交办的同事叫了过来，那位同事说其他材料都已经准备好就等着我邮件审批了，这个邮件早就发了，可我一直没批……现在我还能回忆起我当时的愤怒，我把自己的手机递给他们，让他们把审批邮件找出来，他们俩在几百封未读邮件中找了半天，最后通过搜索才找到。从那以后，我要求所有团队成员对工作必须落实首问负责制，而且所谓负责就是负责到底，这期间不管涉及哪位领导，该催的都要第一时间去催，至于领导回不回应那是领导的问题，但是催他却是你不可推卸的责任。话说回来，其实领导是很感谢你催他们的，这不仅会让他们省心，而且还能让他们觉得你是在用心工作。如果你对待领导安排的工作比领导还着急，你说领导会不喜欢你吗？领导不但会喜欢你，甚至还会感激你，员工虽多，但是跟领导一条心的能有几个？而你是其中之一。

最高段位，想到领导前面。

这是让领导省心的最高段位了，如果能做到这一步，你将成为领导的得力助手，领导会希望你能负责更多的事，有你独当一面，他们自己就会觉得轻松自在。如果你能主动想到该做什么，然后去做了，还做好了——这种事不用多，哪怕只有一次——今后有升职加薪的机会，领导绝对会第一个想到你。为什么？因为让你升职，你就能做更多的工作，这样领导自然也就更加省心了。到那时领导会毫不吝啬地给你涨工资。

03
最终目标：打造职场个人品牌

有人可能会问，我为什么要在职场学习成长、为领导分忧？其实你可以有很多目的，例如升职、加薪，但不管你的目的是什么，所有这些短期、功利的目的背后，都隐藏着一个长远目的——提升自己的个人价值。你在职场中的一切努力都要围绕提升个人价值这个目标展开，而你的个人价值的具体体现，就是你的个人品牌。

打造个人品牌最有效的方式是做出业绩，而最容易被人看到的业绩就是公司的业绩，在这一点上你与公司的利益是高度一致的。如果说影响公司业绩的因素太多，你无法完全掌控，那么退而求其次，你也要去追求那些能写进简历，并且在面试中可以向面试官展示的个人业绩。

不只是你，你周围所有人的最优策略都是把公司业绩做好，只有公司做大了，大家在公司里才会有更好的上升空间，或者跳槽也才会有背书。从这个角度看，你周围的同事都应该是你的伙伴而非竞争对手。你们荣辱与共，彼此相处的最优策略是合作而不是竞争，专研"办公室政治"恰恰是最不正确的选择。

一个人的力量再强大终究是有限的，每个人都需要充分利用团队的力量，不论你是管理者还是员工，都是这样。阻碍团队发挥能力的最大障碍是每个成员的目标不一致，有些人向东有些人向西，最后的合力就是原地不动，于是团队里的人变成了乌合之众。所以，你需要时刻提醒自己，公司的目标是什么？你所处的团队的目标是什么？你个人的目标是什么？

目标清晰之后，剩下的就是如何做了。在具体工作中，你难免要与他人协作，而协作最大的障碍在于沟通。缺少沟通，你将难以理解他人的真正意图，如果彼此连对方的想法都不能理解又何谈协作呢？至于如何沟通，最基础的要求是基于合乎逻辑的方式展开。数据和案例是沟通的依据，因为只有数据和案例才是你和他人都可能认同的事实，一旦你们的沟通脱离了这些事实，那么沟通的基础将荡然无存，那时即便你们硬着头皮沟通，结果也不过是鸡同鸭讲。

那有良好的沟通就可以了吗？当然不是，沟通的结论必须是形成计划，用得更多的说法叫 to-do（指向行动），没有 to-do 的沟通都是无效沟通。那么有了 to-do 就是有效沟通吗？那也未必，有效的 to-do 中至少要包含如下内容：此次沟通达成的共同目标是什么？负责人是谁？为了达成目标要做哪些具体工作？这些工作输出的结果是什么？什么时间完成？

每一次沟通后形成的 to-do 都是一次迭代，而迭代必须要在一个载体上发生，不能说这次的问题解决之后转头就忘，等问题第二次出现时仍然将其视作一个新问题从头解决，这样就事倍功半了。所谓迭代的载体，之前是流程制度，在互联网时代则变成了产品，产品的具体实现要依靠系统，正因为有了系统作为迭代基础，互联网才会如此快速地崛起。

以上是关于"做事"的讨论，毕竟业绩才是硬道理，在职场中，业绩就相当于一串数字最前面的 1，如果没有 1，后面的 0 再多也仍然是 0。但是只盯住业绩就够了吗？当然不够，做事本质上还是"做人"。

在职场中，通常你"做人"方面面临的首要问题就是如何与领导相处，毕竟你的升职加薪在很大程度上都受领导影响，那么如何与领导相处？首先你要记住永远不要和领导"叫板"，在公司里你是弱势方，根本不存在"叫板"的资本。当然，这不是要你逆来顺受、忍气吞声，必要时可以跳槽。当然，跳槽的前提仍然是你已经提升了自己的价值，把自己的品牌打造好，让自己有其他选择，甚至在行业内受到追捧。你和领导谈升职加薪的底气必须来自"你给不了的别人愿意给"，否则你还是老老实实地提升自身价值吧。

你的职场价值在于分担领导的工作，领导要的是"省心"，你的所有工作都要围绕让他"省心"这个核心展开。什么叫"省心"？就是看了你的报告，发现没什么需要改；看了你的计划，直接让你去执行；看了你的邮件，只需要回复同意；你提出的建议，领导说"按你的方案来"……做到这一步，你就离升职加薪不远了，即使你现在的领导不能给你升职加薪，你跳槽去另一家公司，一样可以达到升职加薪的目的。

在职场上除了与领导的关系，也有与同事的关系，如果你因表现良好而受领导器重，可能会让有些同事心生不满，甚至敌视你，这时你要怎么办？最好的方法就是"三十六计走为上"，主动远离他们，专注于"窝里斗"的人眼界有限，你和他斗就是被他拉到了他所熟悉的状态，让自己陷入内耗的泥潭，那样的话你也很难再有所进步。

如果这些人躲都躲不掉怎么办？那就要反击，你的反击必须要让对方感觉到疼，让对方以后再也不敢惹你。只有这样你才能快速摆脱纠缠，把精力投入于提升自身价值。

最后，在职场上做人，有一条红线千万不能踩，那就是永远不要输出负能量。不管你的业绩多好、人缘多好，只要抱怨，那所有的努力便会被一笔勾销。输出负能量这种行为放在古代叫"扰乱军心"，是要掉脑袋的，现在虽然不会让你掉脑袋，但是会让你在当前公司的职业生涯到此为止。相反，如果你是一个正能量源，那么你将获得极大的加分，甚至在很多时候，哪怕你的业绩差一点，正能量这一项也会帮你把总分提上来，因为这表明你"和公司一条心"。试问有哪个领导不希望下属和自己一条心呢？只要工作意愿没问题，就算你的能力差一些，也是可以容忍的，因为能力可以慢慢提升。话说回来，如果你真的无法忍受现在的公司，到了满腹牢骚、不吐不快的程度，那我劝你还是抓紧跳槽吧，但是即便你跳槽去了新公司也要记得不要抱怨，哪怕是抱怨前东家，因为这仍是极大的减分项。

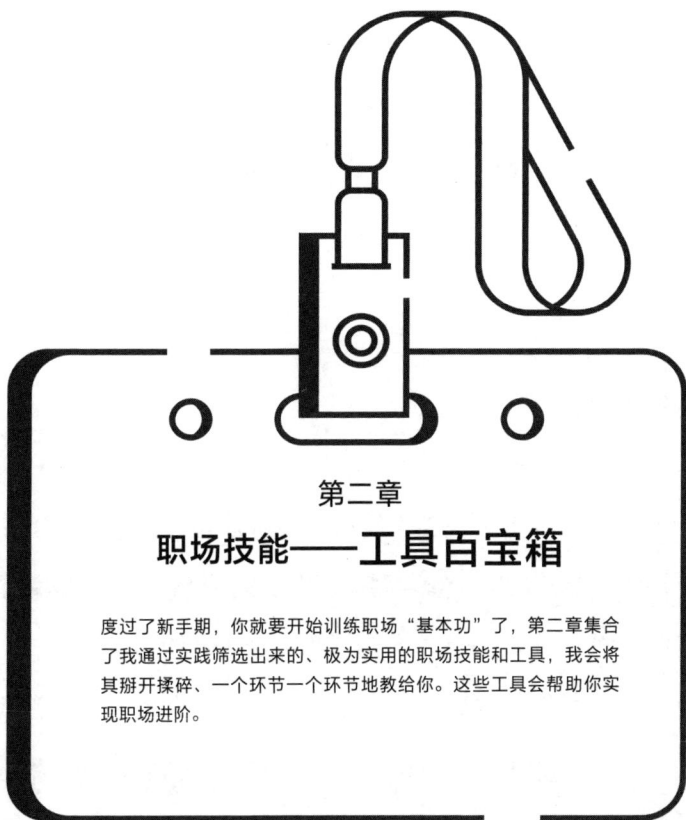

第二章

职场技能——工具百宝箱

度过了新手期，你就要开始训练职场"基本功"了，第二章集合了我通过实践筛选出来的、极为实用的职场技能和工具，我会将其掰开揉碎、一个环节一个环节地教给你。这些工具会帮助你实现职场进阶。

01

敲门砖：面试那些事

如何制作简历

求职的第一件事当然是制作简历，说到简历，大家一定听说过一个词叫"筛简历"，这个"筛"字用得很形象，那么具体是怎么"筛"呢？以我的经历为例，当年公司新建了一条业务线，在相应业务方面严重缺人，但不管有多忙，在招人这方面我都亲力亲为。于是在有些时候，只一个经理岗位的招聘，我就要看超过200份简历。听起来是不是很吓人？但是你知道看这么多份简历我用了多长时间吗？只有半小时，最后筛出了5个人进行面试。作为负责人，我看了超过200份的简历，邀请5个人参加面试，转化率约为2.5%，但我做的还只是第二轮筛选。在这之前，我的人力资源业务合作伙伴（Human Resource Business Partner，HRBP）做了初筛，她的转化率应该不会比我高，毕竟如果她给我的简历质量不好，我是会找她聊聊的，如此看来，她至少筛选过上千份简历。那么筛选简历是她唯一的工作吗？当然不是，甚至都不是最重要的那个，所以她也不会有太多时间仔细看简历。

招聘者是如何筛选简历的？首先，选中 50 份简历后批量打开；其次，每一份简历先看学历，再看工作经验，有亮点的记下来，没有则切换到下一份；最后反向选中那一两份有亮点的简历，其余的简历批量删除——是的，就是这么简单。所以制作简历的关键点是什么？是"亮点"，简历中除了那么一两个亮点之外，其他内容都会被忽略。什么是亮点？通常就是刚刚提到的那两项，一是学历，而查看学历的重点当然是学校层次，这并不是唯学历论，只是因为那些好学校的学生是考试筛选出来的，而考试的筛选能力是有目共睹、比较有参考价值的。二是工作经验，有在大平台工作的经历自然是加分项，因为大平台筛选出来的人才，质量相对可靠。那么如果既没有亮眼的学历，又没有出彩的工作经验，该怎么办呢？这就需要你在工作或生活中为自己打造亮点，例如获得过销售冠军或优秀员工，为公司解决了某个重要问题或在行业内做出了某种突破……我遇到过一位令我印象深刻的候选人，他在学历、工作经验方面都乏善可陈，但是他获得过大学生羽毛球联赛的冠军。面试时他说，他并不是专业运动员，但是在训练中肯动脑、肯吃苦，基础好的人练 2 小时，他基础不好就练 8 小时，所以最后通过努力取得了好成绩。他认为做好工作和打好羽毛球的方法是相通的，无非是努力找方法，找到方法后再下苦功去实践，所以他说自己有信心用同样的方法在我们这里把工作做好，最终他被录取了，事后他也证明了，我们并没有看错他。

大家应该都听过木桶效应，简单来说，是指一个木桶里最多能装多少水，取决于最短的那块木板，听上去是不是很有道理？那是不是意味着你在工作中应该优先补强短板呢？并不是。什么叫短板？比长板短的就叫短板，所以有短板的前提是你要有长板，但是你有长板吗？很多人是没有的，既然没有长板，那又何来短板？或者可以说，你现在各个方面可能都是短板，这时木桶效应对你来说有参考价值吗？没有。

而你需要知道的另一个效应是"床单效应"。什么是"床单效应"？当你想把床单从床上拿下来时该怎么办？是不是先揪住一点把它提起来，然后整个床单就跟着被提起来了？这就是"床单效应"，职场上你更需要参考"床单效应"。要想把"床单"提起来，你需要找到那么一个点，然后将其尽可能迅速地提到最高，当这个点再也提不上去时你再去找下一个点，那时你会发现，自己可以轻松地把下一个点提起来，如此反复，用不了多久，整个"床单"就被你收拾好了。

为什么说不要参考"木桶效应"？一共有 3 点原因，刚才说了其一，也就是你并没有什么长板也没什么优势，就像床单铺在床上，所有的点都是一样低。而其二，短板之所以是短板，有其原因，你在这个世界上生活了那么多年，难道才知道自己的短板是什么吗？当然不是，你早就知道，但既然早就知道，你为什么不去补强这些短板呢？就是因为有这样或那样的原因，短板补起来太难了，有些甚至是先天的缺陷，所以这些短板才一直是你的短板。那么既然一直补不上，为什么你现在想补就一定能补上？似乎没有这种道理。其三，你所认为的短板可能未必是孤立存在的，人是一个整体，人的方方面面都有着或多或少的关联。比如一个人个子矮未必只是因为脖子短，更有可能是因为他不但脖子短，而且腿也短，所以如果你一味盯着脖子，想让它变长，还不如去买双增高鞋把腿部的视觉效果拉长有效。同样的，短板很可能是受到其他因素的拖累才变短的，只盯着一点来补强，可能治标不治本。

总结来说，既然所有的板都短，既然短时间内无法补强短板，甚至连该补哪块板都不清楚，那么这就不可能是一个木桶，更可能是一条床单。如果床单铺在床上，你可以多找几个点提一提试试，看看哪个点更容易被提起来，找到之后你就朝着提起那个点努力，在职场中也是如此。等你制造出一个亮点后就会发现，原来所有的点都可以通过同样的方法成为亮点。

如何面试

简历过关之后，接下来通常是面试，作为用人部门的负责人，我面试过的人应该超过 1000 名，在这些面试者中，一半以上的人在自我介绍后就被我在心中淘汰了，走完后续流程只是出于尊重和礼貌。看到这里，大家对自我介绍环节的重要性应该有了一个直观的认识，它基本上是面试中最重要的一个环节。为什么自我介绍阶段的淘汰率这么高？因为这是你整个面试中唯一由自己组织、自由发挥的环节，是最能体现你的逻辑能力、沟通能力、价值观和认知的环节。这也是为什么几乎所有面试官都会让候选人做自我介绍。

那么在自我介绍中，面试官考察的是什么？

首先是逻辑能力。这一点会从你在表达时对内容的组织安排中体现。通常，候选人会按时间顺序进行自我介绍，其中最差的方式就是复述简历，一般只有应届毕业生才会出现这种情况。如果我遇到这种情况，通常会打断他，因为简历我看过，没必要浪费时间再念一遍。好一点的方式是结合目标岗位有针对性地挑一些相关的经历进行介绍。最好的方式则是针对目标岗位把相关经历串联起来，围绕岗位的职责需求循序渐进地展开介绍。

其次是沟通能力。良好的内容结构只能体现你的逻辑能力，但这远远不够。即使你说得都对，别人也未必会认可你，甚至还会反对你，这种反对无关对错，只是因为你让对方产生了对立情绪。因此，让别人在情绪上接受你，才是有价值的沟通。沟通的作用实际上是建立情绪联结，后文中会具体讲到这一点，如果你能做到和面试官谈笑风生，沟通这关就算过了。

再次是价值观。你要在面试中表现出你是想做事、想把事做好的人，而不是当一天和尚撞一天钟、得过且过的人。你对待工作的态度也本该如此。事情做好了，公司才能发展得好；公司发展得好，你才有上升空间，也才能提升自身价值。把个人利益与公司利益绑在一起，才能实现共赢。

最后也是最难考察的，是见识与认知。不要让别人觉得你鼠目寸光、没见过世面……越是高级的岗位越看重候选人的见识与认识。最好的办法是介绍一些独特的经历或爱好，通过这些让对方觉得你有见识。你介绍的这些体验可以与工作无关，但你最终需要把这些体验与工作联系起来。例如，你是篮球二级运动员，介绍时就可以说自己热爱篮球、经常动脑筋思考训练方法、刻苦训练、百折不挠，最后在篮球方面突破了自己，从此掌握了一种突破认知的方法，这样的介绍会让你获得很高的加分。为什么？因为你在篮球方面突破自我的方法，同样可以运用到工作中，从而把工作做得更好。

以上几点如果都注意到了，更进一步的，你还可以通过自我介绍引起面试官进一步了解你的兴趣。例如在某个重要环节加一句"这个项目比较复杂，一会儿有机会我可以再展开谈"，然后当你和面试官进入后续的问答环节时就可以自然而然地将其展开。记住，你和面试官是劳动力的买卖双方，你们的地位是对等的，他可以引导你，你也可以引导他。以我自己做面试官的经验为例，如果候选人思路足够清晰，沟通能力足够强，能在面试中引导我深入地了解他，那么我会给他很高的分数。其实面试的主角本来就应该是候选人，你是站在舞台上的那个人，面试官要看的是你的表演。

面试通常会以"你还有什么问题"结尾，那么此时应该问什么问题呢？问什么都可以，就是别提"钱"。工资、绩效奖、年终奖、加班费、工作强度……这些都是与钱密切相关的，千万不要问。有人会说，找工作关注钱天经地义，为什么不能提"钱"？这是因为面试官只让你问一个问题，你以为这个问题真的是让你问你关心的问题吗？并不是，这仍然是面试官对你的"考验"。他想考察你的提问能力，想了解你的关注点在哪，你的格局怎么样……换位思考一下，如果你是面试官，还没怎么聊对方就迫不及待地问涉及钱的问题，你会是什么感受？是不是觉得这个人关心的就只有钱？既然所有候选人来面试都是为了赚钱，那为什么不选一个既想赚钱又能关注其他方面的人？毕竟，在面试官看来，你关注什么就会问什么。

那么你应该关注什么？如果面试官是高层管理者，你可以问关于公司使命、愿景、价值观方面的问题。例如，你可以问面试官，未来如果公司盈利稳定了，您下一步想带领大家往哪个方向走？您觉得公司未来 10 年、20 年会发展到什么规模？您在选人方面除了能力，还看重哪些方面？如果面试官是中层管理者，你可以问他，他的部门在公司的职责及发展方向，你将来在这个部门中能获得怎样的个人成长？如果面试官是基层管理者，你可以问他团队的核心工作是什么，团队的工作氛围如何，你应该向哪个方向努力才能更好地帮助团队？如果面试官只有HR，那么你可以问，未来你在公司的成长空间如何，公司的企业文化如何，等等。当然，如果你自己能找到感兴趣的点，

提一两个有针对性的问题就更好了，要知道好问题比好答案更
稀缺。

如何谈薪水

劝大家在面试中不要谈钱的另一个原因是，如果面试没通过，
就没必要谈钱；如果面试通过了，你会有足够多的时间去谈钱，
你要把钱的问题留到那时去谈。找工作谈薪水与做生意谈价钱
是一个道理，或者说，找工作本就是做生意，做的是什么生意
呢？是关于劳动力的生意，公司是买家你是卖家，双方在劳动
力市场上自由交易，不能强买也不能强卖。HR 是买家的代理
人，用人部门的领导才是真正的买家，领导决定录用你，HR
就会去和你"砍价"。HR 的关键绩效指标（Key Performance
Indicators，KPI）里面有一项是控制人力成本，为了完成这一
指标，他会尽可能地压价，这是他的本职工作。如果 HR 给出
的薪资很低，可商量的余地很小，很可能是因为部门领导告诉
他，你这位候选人对于他来说并不十分重要，HR 这样做是为
了尽可能地追求性价比。如果你是这位部门领导志在必得的人，
那么 HR 就会是另一个态度，通过 HR 对你的态度，你也可以
大概估计一下对方的"底牌"，也就是他能接受的薪水上限。

有经验的 HR 不会轻易让你猜到他的底牌，不过对方的底牌不好猜不要紧，你只要清楚自己的底牌，仍然可以立于不败之地。你的底牌是什么？这个市场上不止对方一个买家，你的劳动力是可以拍卖的，这就是你的底牌。当然，这也要求你不能只拿一个 offer，只有当你有了另一个 offer 时，面对 HR 打出的牌你才能底气十足地说："我还有另一个 offer，需要做个比较再给你答复。"接下来轮到 HR 出牌，他的另一项 KPI 就是按照预算招到足够多的人，这一项 KPI 的权重很多时候甚至比控制成本的权重更大。如此一来，HR 反而处于弱势地位，他的首要任务是把你招进来，其次才是压价，因此这时他很可能会为你争取预算允许范围内的高规格待遇，这样也就把他的底牌亮给你了。

如果你自身具有极高的价值，部门领导对你志在必得，同时 HR 对你的印象也很好，那么你可能还会获得所谓的 counteroffer，也就是"竞价"。这里有两个前提，一是你自己要有足够的价值，这样部门领导才会认可你的价值，才会给你相应的待遇；二是 HR 不能反对领导的选择与决定，虽然 HR 没有决定权，但是他们有否决权，如果他们极力反对，就不会有 counteroffer，所以沟通过程中不要得罪任何一个人，成事不易，坏事却很简单。拿到 counteroffer，你基本可以肯定自己已经拿到这个公司所能给出的最高待遇了，这不只是钱的问题，也代表一种荣誉，代表公司对你的价值的高度认可，对于如此认可你的公司，你还是应该优先考虑的。

对于那些极有价值的人，老板通常会亲自维护，因为他们通常不是 HR 能邀请来的，想邀请到这种人绝不能只解决待遇问题，因为只看钱的人做不成大事，真正的人才会看价值观。顶级人才轻易不会出来面试，公司老板需要通过各种渠道联系上他，请他吃饭、和他聊天，先做朋友，再谈合作。对于这个层次的人才，起码我是从来不敢说招聘的，只能说邀请人家共同创业，顶级人才是需要老板"三顾茅庐"的。

总之，关于面试时如何谈薪水，长远来看是提升自身价值，成为顶级人才就可以享受老板三顾茅庐的待遇；短期方法是拿到其他 offer，让自己处于主动地位，那么如何才能拿到更好的 offer？关键还在于提升自身价值。

02

瑞士军刀：无处不在的运营

运营是什么

假如公司是一支足球队，各种线上线下的销售就是这支足球队的锋线，他们负责冲锋陷阵拿业绩，但是想射门得先拿到球，前锋的球从哪里来呢？就是由运营传给他们的。所以运营是公司的中场，确切地说是中场里面的前腰。想组成中场还需要一个后腰，后腰就是产品，这也是一个至关重要的位置。而且产品与运营在很多工作上都有重叠，两者最大的不同在于，运营的精力更集中于前台，他们通过协调销售获得业绩，而产品的精力更集中于后台，他们通过协调研发来提升系统能力从而间接提升业绩。研发则是后防线，他们不直接获得业绩，但是销售却需要应用他们开发的系统去获得业绩。以上的"前中后台"三条线就是典型的互联网公司的分工。其实任何企业都逃不出这个"前中后台"的大框架，前台做销售的方式可能五花八门，后台支持部门也可能各有千秋，但是说到中台，不管你叫它运营还是其他名称，其工作内容与方法都万变不离其宗，所以不论你做什么工作，都需要掌握这一套"运营"工具，因为它是无处不在的。

在讲具体内容之前，我们先要了解一个背景，那就是公司设置运营的目的是什么。首先，公司设置运营的目的在于，在前端销售这方面，不管是线上线下，都是人多事杂且流动性很高的岗位，这就导致销售人员的能力参差不齐，而且销售工作本就是唯业绩论的，奖金与业绩直接挂钩，所以销售人员一门心思只想冲业绩，冲业绩就是赚钱，而其他与之不直接相关的工作他们完全没有意愿去做，比如制定销售策略、推动策略实施等指导性工作。既然很多工作销售人员既没有能力也没有意愿去做，那就需要另外一个部门完成这些工作，处理好这些指导性工作，销售团队才不至于像没头苍蝇一样乱冲乱撞，这就是运营的首要职责。其次，销售人员在实际工作中经常遇到各种流程、系统方面的问题，需要有人为他们及时排忧解难，这也是运营要负责的工作。再次，很多销售人员为了业绩会忽视其他因素，有时这会对公司造成损害，所以运营不但负责踩油门，还负责随时踩刹车。最后，由于销售人数众多，他们反映的需求不但量大而且质量参差不齐，所以需要一个归口部门统一梳理这些需求，最后落实到流程上，这是运营的第四项主要职责。

当然，如果公司有业务系统，那么这些需求最终还要落实到系统上，这就是运营与产品重叠的部分了。

总结起来，设置运营有四个目的，即引导销售拿业绩，解决销售遇到的问题，规范销售行为，归纳销售提出的需求。总之，运营就是一脚油门、一脚刹车，在驾驶销售这台战车勇往直前冲业绩的同时，又要保证它不能翻车，驾驶员对于一辆战车的重要性不言而喻，这也是我们说运营部无处不在的原因。

如何做运营

理解了运营的重要性，接下来的问题就是如何做运营。想要做好运营，你需要运用好以下三大工具，一是流程制度，二是数据指标，三是案例。这三个工具也是做好运营需要的全部工具。

流程制度：广义的流程包括工作流程及各种制度，流程会说明每一步做什么，制度会说明这些步骤中的每一步该如何做。设立流程制度的目的是什么？一是说明要做什么及如何做。二是控制风险、避免损失。例如，退款需要复核和审批等一系列流程，如果没有这些流程，客户说退款就退款，那很可能使公司财货两空，甚至可能会给有心人提供漏洞来坑害公司。这种受到损失的可能性就是风险，复核和审批就是控制风险的活动。三是优化用户体验，也就是优化系统用户在使用公司系统时的体验。表面上看，用户是在使用系统，但实际上系统的背后是流程，流程是迭代的基础，有了这个基础，你在发现问题时才能在原有流程的基础上持续进行改进，而不是每次都从头再来。如今这些用户执行的流程被固化在系统之中，迭代流程也就变成了优化系统。

数据指标：流程制度告诉你要做什么及如何做，而数据指标则告诉你做得好不好，好在哪里，不好在哪里。如果把做得不好的指标不断下钻，钻到最小颗粒度时你就可以找到问题的解决办法了。如何分析数据？基本方法是看指标，例如环比、同比、横向比、纵向比、时点数、累计数、存量、增量、数量、比例、平均数、中位数、众数、标准差……从各种维度比较各项指标。当然，这其中最重要的一项比较，是实际数与预算数的比较，也就是你实际做成什么样子和你认为应该做成什么样子之间的比较。优于预算大体是好事，但是高兴之余你还需要分析一下预算是不是定低了；弱于预算那就要分析问题了。在业务层面上，通常用漏斗模型[1]分析问题；而在整个公司层面上，我建议大家采用财务框架进行分析，也就是使用借贷记账法[2]的会计科目框架，一个合格的运营必须了解财务框架，而作为老板则更要深刻地理解财务框架。

案例：有了流程，你会知道做什么及如何做；有了数据，你会知道做得好不好及如何改进。看起来这似乎就够了，那为什么还需要案例？因为数据是高度抽象的，会让人忽略很多细节，所以想要还原问题，还需要把数据放入具体案例中去做调研，通过调研发现细节，才能找到真正的问题，也才能找到解决方案。例如，有一位销售员的本月客户投诉比例远高于其他销售员，从数据上看，这肯定是个有问题的销售员，但这时你就要小心了，因为此时下结论还太早，你不妨去看一看那些客户投诉的具体内容。很可能你会发现，客户的投诉中并没有什么实质性内容，全都是"态度恶劣"等主观性很强又很模糊的描述。这时你一定要警惕，这些投诉里面可能另有隐情。你需要找几个典型的客户投诉去和这位销售员本人及他的上级领导共同复

---

1 漏斗模型是指在经营中，将潜在客户逐步转变为客户的转化量化模型。——编者注

2 借贷记账法是指以会计等式作为记账原理，以借、贷作为记账符号，来反映经济业务增减变化的一种复式记账方法。——编者注

盘，了解当初与客户产生矛盾的具体情况，看看"态度恶劣"具体是怎么回事。当销售员拿出自己与客户的微信聊天截图时，事情才真相大白，原来这几个客户都是被拒绝了无理要求后恼羞成怒，才进行了报复性投诉，于是剧情反转，你庆幸差点冤枉了好人。

如何才算做好运营

你做运营的水平取决于你对问题的抽象程度。

如果你每天只是忙于帮助销售处理突发事件，一会儿因为系统出 bug 没办法录入订单而修改 bug，一会儿又要告诉他人业务流程怎么操作，你的精力就会被这些"杂事"占据，你所做的就是最初级的运营工作。严格地说，最初级的运营工作还不能算是运营，至多只能算是"打杂"，这时你的运营段位连入门级都谈不上，然而不幸的是，据我所知，绝大多数运营人员都处于这个段位。

如果不满足于"打杂"，那么你可以把日常遇到的"杂事"记录下来，并对其进行分类，使之结构化，之后再对其进行分析，通过分析发现这些现象背后的问题。例如，你记录了两周的数据，通过对比，你发现本周找你催促审批的数量环比上一周多了很多。于是你整理了这些催促审批的案例，并与审批部门负责人一起进行分析，发现大多数催促都发生在午休时间，于是你在午休时间观察审批部门的工作状态，终于找到了原因。原来最近订单量大幅增加，中午值班人手不足，导致订单积压。那么解决方案也呼之欲出：增加中午的值班人数。增加值班人数后，催促审批的数量明显减少，你一次性解决了一类问题，这时的你就进阶到运营 1 段，已经具备升职为运营主管的素质。

虽然通过增加值班人数，减少了催促审批的数量，但始终还是有人在催促，于是你又开始思考下一个问题，销售人员一定要通过催促你来加快审批效率吗？毕竟这只是一项再简单不过的工作，为什么要让它耽误自己的宝贵时间呢？如果可以让销售人员自己看到审批进度，并且一旦审批等待时间过长系统可以自动给审批人员及其领导发送提示，那么销售人员是不是就不会再通过你来催促审批了？有了这个想法，你找到产品经理把需求提交给他，要求产品部门把这个需求的优先级调到最高，并且每天盯着他们排期、开发、上线。需求上线之后催促审批的数量大大减少，这为你节省了大量宝贵的时间和精力，你终于可以去做一些更有意义的事了。在这个案例中，你已经可以一劳永逸地解决一类问题，这时你就进阶为运营 2 段，应该可以升职为运营经理了。

虽然一劳永逸地解决了销售人员催促审批的问题，但你敏锐地察觉到这件事恐怕并不简单，为什么销售人员会花大把时间去催促审批进度？按理说那时客户意向已经确定，销售人员的业绩提成应该已经落袋为安，为什么销售人员还会在这件事上无谓消耗精力，难道他们不应该用这些时间去联系新客户吗？

带着这个疑问，你访谈了几位销售人员，了解到原来系统的策略是审批通过之后才计算业绩，而一个客户并不一定只在一个销售人员那里下订单，因此如果其他销售人员的订单审批速度比自己快，那么这个订单就会算成别人的业绩，自己到最后只会竹篮打水一场空。就这样，你发现了一个绩效计算方面的漏洞，于是你找到销售、产品、人力等部门的负责人，和大家一起讨论出了一个新的绩效方案，即销售人员可以对客户进行一段时间的锁定，在锁定期内，其他销售人员不能再为这个客户下订单，锁定期与审批周期相匹配。这样一来，销售人员之间就不再存在"抢"订单的问题了，于是销售人员终于可以把催促订单的精力用于联系新客户。在这个案例中，你可以在策略层面上根本地解决一类问题，这时你就进阶为运营 3 段，应该可以升职为高级经理了。

解决了上述问题之后，你仍然没有满足，而是进一步思考，为什么如此严重的漏洞在制度上线前没有被发现？为什么在执行过程中产生了问题却没有得到即时反馈？为什么等到你分析之后才能发现问题？于是你组织销售、产品、人力等部门的负责人，共同讨论并制定了一套"关于新策略上线的审批机制"，其中规定新策略上线前必须经过所有部门的确认，各部门要站在自己的角度去发现并纠正问题，以确保策略不会存在明显漏洞。另外，策略上线后的每一周都要举行复盘会，策略上线前若存在漏洞，也可以通过复盘会尽快修复，亡羊补牢。从此，公司出台的新策略很少再出现漏洞，即便有漏洞也可以通过例行复盘及时发现并修正。你从机制上预防了一类问题的发生，这时的你已经是运营 4 段，可以升职为总监了。

到此，你仍然没有停止自己的思考，你很奇怪为什么审批部门一直被销售人员催促，却仍然不着急？进一步调查之后你发现，原来审批部门的 KPI 里面根本就没有"时效"这项指标，对审批的时效没有任何考核，所以他们对这件事并不上心。于是你找到审批部门负责人，与之私下沟通并得到首肯，之后你在管理会上提出为审批部门的 KPI 增加"时效"指标，审批部门负责人表示会全力配合，方案通过之后，由人力部门负责调整绩效方案并从下月起实施。至此你已经可以跨部门完善机制并解决根源性的问题，这时你就是运营 5 段，可以升职为高级总监了。

在讨论为审批部门的绩效方案增加"时效"指标时，你产生了另一个担心，如果"时效"这一指标的权重过大，审批人员为了达到时效要求会不会牺牲审批质量，让不该通过的订单也通过了，让审批形同虚设？于是你决定先推出一个保守版本的绩效方案，推出之后通过复盘机制进行密集监控和快速迭代，通过一个周期的调整使之在时效与风险之间达到一种平衡。至此，你已经可以站在公司全局的角度权衡利弊，并且利用快速迭代的机制使试错成本降至最低，此时你就是运营 6 段，可以升职为副总裁（Vice Persident，VP）了。

你进一步反思，审批人员绩效中没有"时效"指标这样一个明显的缺陷，但在被你发现之前，这一问题为什么没有得到重视？根本原因可能在于管理层对公司的整体目标不够明确，大家不清楚是应该全力冲业绩，还是应该稳扎稳打地把业务做扎实，以至于一直在摇摆。于是针对公司目标的问题，你召集所有部门对年度预算进行了几轮整体沟通和调整，最终统一了所有部门对公司本年度整体目标的认知，此时你是运营 7 段，有资格成为 COO 了。

在讨论预算的过程中，你发现要想确定本年度公司的整体目标，必须基于以往年度的业务发展趋势及对未来 3~5 年的公司发展来设置阶段性目标，于是你拉上其他部门的负责人共同进行战略讨论，并最终确定了一个 3 年规划，这其中自然也包含今年的年度整体目标。此时你来到了运营 8 段，足以担任 COO 这个岗位了。

比阶段性目标更长远的目标叫作"愿景"，这么长远的目标存在太多不确定因素，并不是通过逻辑推导就能推演出来的，但是一个公司又不能没有愿景，因为愿景是大家努力的方向，有了方向才能设计实现路径、商业模式、阶段性目标等。当你能为公司设立愿景时，你就是运营 9 段，至此，你应该足以担任公司的首席执行官（Chief Executive Officer，CEO）了。CEO 的工作其实也属于运营，战略正是运营的一部分。

既然愿景无法通过逻辑推导获得，那么愿景从何而来？愿景来自企业的使命。什么是使命？就是即便今生无法实现，你也要为之奋斗终身的那件事，那也是你的价值观的体现。作为公司的创始人，你的使命就是公司的使命，而公司的价值观就是你个人价值观的缩影，使命和价值观加起来就叫作企业文化。当你拥有使命、具备价值观、能打造出属于自己的企业文化时，你已进阶为运营 10 段，此时的你就算独立经营一家公司也会有不错的成绩。

03

万能钥匙：人人都是产品经理

产品是什么？产品是公司为用户提供的服务，这里面有两个关键词，一个是服务，一个是用户。服务好与不好是由用户定义的，这也是产品经理永远要站在用户的角度设计和迭代产品的原因。用户是被服务的对象，公司是服务者，对于公司与用户之间的关系，我不倡导"用户就是上帝"，而是主张"用户就是你自己"，产品经理的职责就是想尽一切办法把服务优化到令用户满意的程度。该如何定义满意呢？用户心甘情愿地为服务付费就是满意的标准。如何定义用户呢？其实所有你为之提供"服务"的人都可以被视为你的用户，这其中既包括外部用户，也包括内部用户，你的同事、领导、合作者……他们都应该被视为你的用户，为他们提供更好的"用户体验"就是你的本职工作。至于如何才能提供更好的用户体验，这需要你学习如何像一名产品经理一样思考，所以说"人人都是产品经理"。

在讲如何做好产品经理的具体方法之前，我们先要了解一个大背景——产品经理这个岗位究竟是如何产生的。产生产品经理这个岗位的直接原因是用户的反馈数量庞大而质量又参差不齐，如果让研发人员直接去处理这些反馈，他们就会没有时间和精力写代码。这时就需要一个中间层过滤用户的反馈，将杂乱无章的反馈整理成井井有条的需求并提交给研发人员，研发人员拿到这些需求就可以直接将它们转成代码，这才是高效的处理方式，而这个中间层就是产品经理。

了解了产生产品经理这个岗位的原因，接下来的问题就是如何做好一名产品经理，我们可以将其划分为以下段位。

最初级的产品经理只能把用户反馈的一些 bug 或零散需求进行简单整理并交给研发人员，这一级别的产品经理只起到传话作用，并没有在用户与研发人员之间提供什么附加价值，然而这种产品经理却是大多数，这种未入门的水平只能算作 0 段。

产品经理想要入门，首先需要让自己成为一名资深用户，把产品用得滚瓜烂熟，熟悉产品使用的每个流程，以至于自己可以直接在白板上绘制出产品使用的全部流程。在用户提出问题时，他们能把这些问题映射到流程上，并可以结合全流程对需求进行统筹设计，做到这一点的产品经理才算入门了，可以算作 1 段。

更进一步，产品经理需要成为一位挑剔的用户，在解决用户提出的问题之余，还要以挑剔的眼光对产品提出自己的迭代建议，而且要尽可能比用户更早提出这些建议，争取做到让用户没有建议可提，做到这一点的产品经理可以算作 2 段。

再进一步，你需要对用户提出的问题进行统计分析，并结合自己的经验去发现问题背后隐藏的需求。例如，用户反映审批速度慢，你就需要把审批时间缩短 10%。这个问题看似只是把审批时间缩短 10%，但实际情况往往是，当前的审批时效已经是多轮优化后的结果，别说 10%，哪怕是缩短 1% 都很难。既然直接缩短审批时间这条路走不通，那么你就要思考，为什么审批时间都缩短到极限了，用户还是不满意？这时，如果你对比分析行业数据，可能就会发现自己所在公司的审批速度并不慢，甚至比竞争对手的审批速度还要快，那为什么竞争对手的用户对审批速度的满意度比你们要高呢？原来是因为你们的产品中缺少了一个让用户获得合理预期的反馈功能，审批过程中用户始终不知道审批的进度，以至于产生了不满情绪。所以，作为产品经理，你只需要提一个需求，加上一个进度条，给用户一个合理预期，告诉用户现在的审批进度以及还有多久能完成审批。如此便解决了用户对审批速度不满意问题，做到这一点的产品经理可以算作 3 段。

更进一步，你还需要清楚产品经理获取需求的渠道：通过自己、通过用户、通过数据。当你不但能够通过自己对产品的测试及用户对产品的反馈来发现问题，还能通过数据分析发现产品中隐藏的深层次问题时，你获取需求的渠道就拓宽了。如此一来，你便可以找到那些原本自己和用户都没发现的产品问题，此时你就来到了 4 段。

虽然产品经理的大部分需求需要依靠研发人员来实现，但这并不意味着产品经理就只能依赖研发人员，作为产品经理，你要学会使用另一个抓手，即线下流程。未必所有功能都必须通过系统实现，在没有系统支持的情况下，该做的工作依然要做，不要把所有希望都寄托在系统功能上。当研发能力不足、系统无法及时实现需求时，你要通过设计线下流程去解决问题、满足需求，保证业务的正常运转，等到日后研发资源充足时再把这些线下流程线上化、自动化，能做到这一点，你就来到了 5 段。

至此，产品经理获取需求的所有渠道都已打开，你不但可以通过用户获取需求，还可以基于自己对产品的理解提出需求，更可以通过数据发现那些隐藏在表层之下的深层需求。同时，你也拥有了迭代系统功能和设计线下流程两个抓手，这两个抓手可以让你即便在研发能力不足时也不至于束手无策。现在，你需要把注意力更多地放到资源调配上，虽然研发资源永远是有限的，但要把有限的资源利用好，既要保证用户体验，又要控制风险，避免出现漏洞被"薅羊毛"。绝大多数时候，想控制风险就要增加控制环节，但控制环节多了，必然会影响用户体验，怎样才能同时满足相互矛盾的两个目标呢？这就需要你动态调配需求的优先级，站在全局高度统筹协调，做好这一点，你就到达了 6 段。

既保证了风险可控，又保证了用户体验，在这个基础上你还可以进一步发现流程中的瓶颈，把有限的资源集中起来，将好钢用在刀刃上，使投入产出比最大。这不仅需要对全局的理解和把握，更需要超强的沟通能力。很多时候可能只是一个解决某个需求的功能上线，就能把整个部门从加班中解放出来，或者让一个部门的业绩扶摇直上。那么先解放谁，先助推谁？决策的权力会使你成为众矢之的，想解决这一问题，你需要既能想清楚对策还要沟通到位。所谓沟通不是讲道理，而是梳理情绪，让大家心甘情愿地配合你，做好这一点，你就到达了 7 段。

到达 7 段之后，你已经把技术性工作做到极致，这些工作难吗？说难也不难，毕竟有迹可循，可接下来想要继续提升就要摸着石头过河了。你的进阶方向可以是解决一个行业痛点，例如，在车辆信息不透明、买卖双方信息极其不对称的二手车市场，能够让消费者没有后顾之忧地买车，就是这个行业的痛点。能够解决这样的行业痛点，你就到达了 8 段。

如果你不但能解决一个行业的痛点，而且可以根据潜在需求从无到有地创造出一个行业，例如电商平台、短视频平台、个人信息交互平台等。做到这一点，你就到达了 9 段。

如果你能开创一个大家以前根本想象不到的技术或消费时代，例如 iphone 开启的移动互联网时代，那么毫无疑问你就到达了 10 段。做到了这一步，逻辑已经远远不足以支撑你的事业，因为你不能通过逻辑推导去创造一个技术或消费时代，你需要的是巨大的想象力，需要的是对美的执着追求，需要的是在强烈好奇心驱动下的不断探索。

04

数据驱动：数据构建的公司

如何做数据分析

很多人会问我如何做数据分析。其实做数据分析说难也难，说简单也简单，总结起来无非是两步：向下钻研和向上钻研。举个例子，比如要分析这个月的业务预算没有达成的原因。

第一步，向下钻研。

这个月业绩没有达成，为什么没达成？是因为线索不够还是转化率不好？因为转化率不好。为什么转化率不好？是因为人效不行还是人数不足？因为人效不行。为什么人效不行？是方法问题还是态度问题？是方法问题。为什么会有方法问题？是所有人都不会还是只有一部分人不会？只有一部分人不会。为什么有人会，有人不会？是人员素质问题还是培训问题？是培训问题。为什么同样的培训，有些人吸收得好，有些人吸收得差？要找具体案例来进行逐一分析。

通过分析，会发现销售人员的营销话术千差万别。销售人员的营销话术为什么千差万别？因为企业没有针对话术进行专门培训，所有销售人员的话术都是自己摸索出来的。问题终于找到了，缺少专门的销售话术培训，你需要做的就是尽快开展销售话术培训。

第二步，向上钻研。

为什么要培训销售话术？因为要提升销售转化率。为什么要提升销售转化率？因为要提升销量。为什么要提升销量？因为公司业绩目标定得高。为什么公司的目标是追求销量而不是追求利润？因为公司要抢占市场。为什么要抢占市场？因为公司需要把市场占有率做到足够大，让潜在的竞争对手不敢再与自己竞争、阻止竞争对手进入。为什么要阻止竞争对手进入？因为想要重塑行业，掌握话语权，而市场占有率可以有效提高话语权。为什么要重塑行业？因为现在这个行业太原始、太低效，不符合简洁、优雅的审美标准。

这就是数据分析给出的完整答案，通过向下钻研，你得到了解决这个问题的具体方案，通过向上钻研，你清楚了为什么要实施这个方案，做到这两点，你的数据分析就完成了。

如何选择数据分析框架

虽然掌握了数据分析方法，但当你真的独立去做数据分析时，可能仍然会觉得无从下手。为什么会有这种感觉？因为你缺少一个数据分析框架。一个好的数据分析框架至少要满足两个要求，一是分类没有遗漏，二是分类没有重叠。你可以利用这个框架并基于公司发展现状，向上为公司梳理出几个指标，向下把一个问题下钻到最小的数据颗粒度并找到对应的具体案例，从而让自己掌握问题的所有细节，解决所有细节上的子问题之后，问题也就解决了。

在我看来，目前能够达到这个要求的数据分析框架有且仅有一个，那就是财务框架，它包括资产负债表、利润表、现金流量表这三张报表及其背后的明细账。既然财务框架这么好用，为什么过去没有得到足够的重视？因为过去的情况是业务人员负责流程，财务人员负责数据，但业务人员不懂财务，所以当需要数据去定位问题时，缺少框架，只能乱打乱撞地"创造"出五花八门的指标，虽然看起来花样繁多，但实际上却只是在

"重复发明轮子"，这些指标都是可以被财务框架覆盖的内容。财务人员虽然懂财务，却对业务插不上手，因此他们只能闭门造车般地摆弄报表，分析出一些连他们自己都不知道如何落地的结论，想要用这种水平的分析指导业务人员，无异于痴人说梦。

发生这种问题的根本原因是什么？就是公司把流程和数据硬生生地割裂了。公司为什么要割裂流程和数据？因为在互联网出现之前，流程和数据已经足够复杂，很少有人能将二者一手抓，所以公司只能进行更细致的分工，结果就是懂流程的人不懂数据，懂数据的人不懂流程。但是现在不同，在管理流程方面，代码解放了绝大部分人力，而系统又可以自然而然地生成高质量的数据，人终于可以从流程梳理和数据采集这种烦琐的体力劳动中解放，去做一些只有人才能做的工作。什么工作是只有人才能做的？设置目标，拆解目标，对比现状与目标从而发现问题，并通过迭代系统解决这些问题，关于这几点我们在后面会陆续讲到。

05

基础工具：效率提升

如何做好时间管理

提升效率要依靠时间管理，在谈如何做好时间管理之前，你要先弄清楚一个概念，所谓"时间管理"，管理的到底是什么？

举例来说，小张觉得自己没有时间学习，小王觉得自己没有时间睡觉。大家的一天都是 24 小时，这种差异是如何产生的？首要原因是认知，小张认为吃饭、睡觉、打游戏比学习重要，学习的优先级排在最后，当然就没有时间学习；小王则相反，他认为学习比一切都重要，可以不吃饭、不睡觉，但是不能不学习，因此从来不会忙得没时间学习。时间管理的第一步是排列优先级，哪一项工作最重要，就要将一天 24 小时中的黄金时间优先分配给它，那么具体该怎么排列优先级？优先级归根结底还是受你的认知影响，你要分析清楚哪件事对你更重要，并把重要的事排在前面。

排列好优先级，就可以进入具体实施环节了，这时小张看了看厚厚的高数书，又看了看更厚的习题集，心想这么厚的两本书怎么可能学得完，于是玩起了手机。小王看着同样的两本书，心里当然也没底，但是他咬着牙快速把书翻阅了一遍，这一遍不求甚解，只是看看目录，熟悉一下书中的语言并了解知识点的分布。看完一遍，小王可能什么也没记住，但是不要紧，毕竟翻阅一遍只花了很短的时间，一遍不行那就再翻一遍。又翻了一遍后，小王觉得这本书仿佛变得亲切了，很多内容似曾相识——这再正常不过，毕竟一回生、二回熟。翻阅第二遍时，小王发现其中有几道有趣的例题，他虽然感兴趣但不能完全看懂，于是又专门研究了这几道例题。研究过程中，小王发现例题中的某一步推导他看不懂，于是小王又向前翻去读讲义……如此这般，小王很快就看懂了这几道例题，用不了多久，整本书就被他翻阅了十几遍，此时小王对这本书的内容已经了然于胸。于是小王迫不及待地翻开习题集，赫然发现这里面有些题目与例题差不多，自己可以独立求解了，当然也存在一些与例题差异较大、自己还不会解的题目，不过可以把会的部分先做出来。习题越做越多、越做越熟练，小王逐渐发现原来不会做的题目也开始有了思路，慢慢地，不会做的题目越来越少……最终小王把做题变成了游戏，体会到推导过程的精妙，甚至在心里体会到了数学之美带来的快乐。同样的书，起初同样令人头疼，为什么有些人后来成了小王，有些人却成了小张？因为小王们找到了克服恐惧的方法，从最简单的翻阅开始，以最容易的方式切入，然后再一点一点迭代，日拱一卒，积少成多，最终量变引起质变，直至掌握整本书的知识。而小张们呢？他们找不到切入点，面对压力"知难而退"，他们都还没有开始，又何谈进步？所以，时间管理其次要管理的是恐惧，这不是要求你与恐惧正面硬碰硬，而是让你运用智慧去寻找一个足够小的切入点，这个点要小到它给你带来的恐惧可以忽略不计，只有这样你才能顺利开始。

小张看了以上两段内容之后热血沸腾，决定按照同样的方式尝试一下，他兴致勃勃地拿起高数书，可是只读了前两页，表情就渐渐凝固，热血迅速冷却。他又开始思考自己是不是学高数的料，如果不是这块料，何必在高数上面浪费时间？还是放弃吧！于是他又心安理得地拿起了手机……小王起初反而没有什么热血，他知道学习是艰苦的长途跋涉，谁跑马拉松也不能一开始就全速冲刺。于是冷静调整预期，对学习高数做好了长期艰苦奋斗的心理准备，并且给自己制订了一套计划：第1天把高数书翻阅3遍，第2天把第一章第一节学完并做完课后习题，

第 3 天……第 100 天做第 10 套模拟题。小王制订的计划非常
细致具体又不过度，这使他每天都能完成计划，他完成 3 天的
计划后，就有了信心，完成了 10 天的计划之后他已经坚信自己
可以学好这门课，30 天之后他甚至养成了习惯，一天不完成计
划就觉得缺点什么……100 天之后，解题方法已经融入他的潜
意识，以至于他看到题目可以直接想出解题思路。所以，时间
管理最后要管理的是懒惰，要通过自己建立的快速反馈系统来
对抗好逸恶劳的原始欲望，要保证在产生惰性之前通过自己建
立的反馈机制率先给自己一个反馈，告诉自己"我完成了计划，
做得很棒"。有了反馈，坚持下去就容易多了。如此这般，日拱
一卒，当你逐渐入门之后，你的好奇心就会被激发出来，也会
发现数学之美。从此你会进入螺旋上升的正循环，在那之后已
经没有什么可以阻止你进步了。

如何开会

开会是时间管理最大的敌人，它是一种极其消耗时间的沟通方
式，不到万不得已最好不要使用。那什么情况是万不得已的？
只有两种，一是需要大规模共享信息，二是需要进行集体决策。
因此组织会议的原则是，除非有大规模共享信息或进行集体决
策的需要，否则不要开会。很多公司就是因为没有弄清楚开会

的目的，才导致文山会海，极大地降低了公司的运行效率。

在开会时经常会遇见的问题有哪些？一是把数据分享会开成了数据挑错会，报告中的数据错误和逻辑错误层出不穷，与会人员只好从各个角度对数据进行核对和校验，把本该提前做好的工作搬到了会上去做。二是只有两个人讨论具体问题，其他人则默不作声地旁观。三是会上各方吵得热火朝天，最后发现没有决策机制或决策人不在场，最终什么也定不下来。

那么应该如何避免这些问题？对于第一个问题，与会人员在会议前要把准备工作做足，要尽量避免数据错误、内容错误、方案缺陷等问题。在这个前提下如果还是发现了错误，并且无法即时改正，那就休会，等改正之后再重新组织会议，而不要让会议变成一个人改、其他人坐等，这样非常浪费时间。对于第二个问题，会议组织者应提前设计好会议的议题和议程，一个议题结束，那些与后续问题不相关的人员就可以离场了，不要坐在那里无谓地浪费时间。对于第三个问题，该争吵的内容尽量在会下进行交流，要事先把有争议的地方列出来，会上只把有争议的几条拿出来通过会议做决策。这些问题应该由谁来决策，以及如何决策，会议组织者应该提前与相关决策人沟通清楚。会议决策绝大部分内容应该是"形式"，决策者在开会之前应该掌握充分的信息并对会议流程有一个思路，不应该如应付突击考试般临场发挥、随机应对。

解决以上三个问题，你所组织的会议才能被称为开会，否则你一言我一语，毫无章法地讨论，最多只能叫聚会。

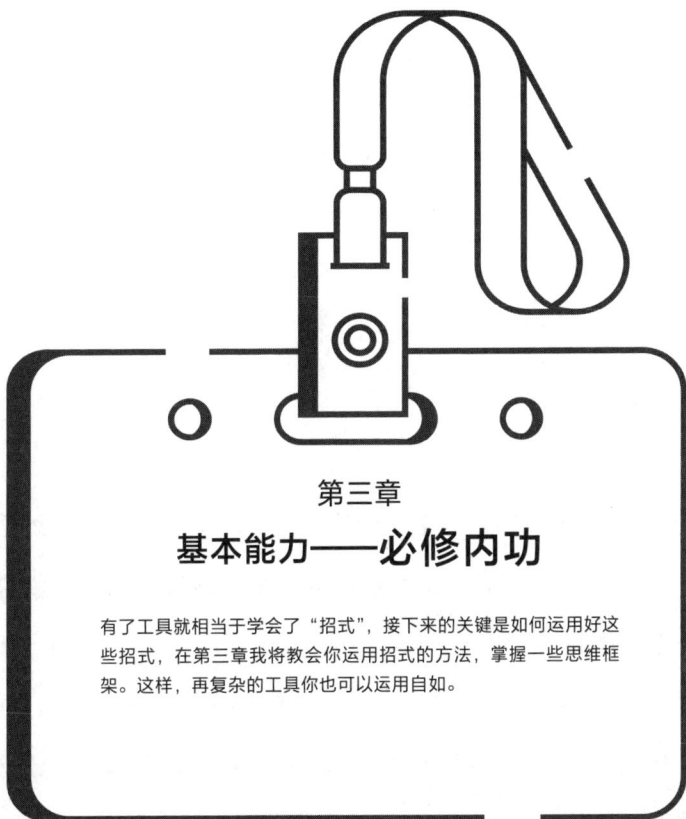

第三章
基本能力——必修内功

有了工具就相当于学会了"招式"，接下来的关键是如何运用好这些招式，在第三章我将教会你运用招式的方法，掌握一些思维框架。这样，再复杂的工具你也可以运用自如。

01

一力降十会：逻辑

如何训练逻辑

我们平时说的逻辑，一般是指形式逻辑，是一种简单的思维方式。为什么说它简单？因为它对事物做了高度抽象，也就是暂时不考虑事物在时间轴上的发展，只分析其在一个时间点上的切片。这种抽象是人类思维的一种基本模式，在分析问题时，常会被用到。例如，经典力学在研究引力时把天体抽象成静止的质点，这就是一个以形式逻辑对事物进行抽象的例子。

清楚了逻辑的定义后，你要对训练进行合理的预期。所谓预期，就是你希望投入多少资源从而取得多少回报。这里有一个坏消息和一个好消息，坏消息是逻辑并不能告诉你什么是正确的，这个工具的唯一用途是排除那些明显的错误，至于能够排除多少错误，要看你对它的使用能力。但不论逻辑能力有多强，你始终无法用它排除所有错误。好消息是只要你能够使用逻辑排除部分错误，就已经超越了一部分人，因为不是人人都会使用这种工具。为什么如此重要的工具不能为所有人所用？其原因不仅存在于训练层面，还存在于认知层面。很多人并不知道逻辑的存在；少数人知道它的存在，在对它的理解上却存在偏差，认为能够使用逻辑的人必然有天赋，而自己没有这种天赋，因此无法掌握这种工具；只有极少数人既知道逻辑的存在，又明白这种工具可以通过训练加以掌握——如果你认同这个观点，说明你已经领先很多人了。

在训练逻辑前，你要做好长期训练的准备，同训练任何技能一样，入门总是最难的，因为大多数技术动作都是你之前不习惯的，例如羽毛球的高远球、乒乓球的正手攻球、唱歌的发声方法等。逻辑训练也一样，在没有养成这种习惯之前，它一定是与你的固有习惯冲突的，这种冲突会在习惯养成的过程中给你带来痛苦，这也是我在上文铺垫了这么多的原因。入门无捷径，你只能咬牙坚持。

调整好预期后，我们就可以开始训练逻辑了。入门的第一步是学会给自己提问题。"是什么"是最重要的问题之一，主要是指问题中涉及的概念的清晰定义是什么，这是使用逻辑的第一步，也是不可或缺的一步。那么如何给概念下定义呢？下定义就是给概念分类，分类是逻辑训练最根本的步骤，概念不明确通常是由于分类包含的种类过多导致的。例如，你喜欢吃水果吗？回答这个问题的核心在于如何定义水果这一概念，也就是水果是什么？苹果是水果，猕猴桃也是水果，你喜欢吃苹果，但吃猕猴桃会过敏，所以这个问题对于你而言是没有办法回答的。但是通过把水果进一步分类，指向苹果或猕猴桃之后，你就可以回答了，你可以说自己喜欢吃苹果而不喜欢吃猕猴桃。这里要注意一点，在训练逻辑的过程中，切记不要参与辩论。即便是在正规的辩论比赛中，大家的辩论通常也只是针对辩题中定义不清晰的部分展开，如果一个话题中所有的定义都很清晰，也就无法成为一个辩题了。利用定义不清晰把对方驳倒，这种方式不但不能解决问题，反而会使问题因概念的模糊化而变得更加复杂。这对参与者本人和观众来说，都是一项有百害而无一利的活动。再深入些讲，逻辑的用途是帮助你排除错误选项，进而做出不存在明显错误的决策，因此你应该做的是运用逻辑努力发现自身的错误，而不是他人的，你使用逻辑的最终目的是为自己决策而不是替别人决策。因此，作为一个逻辑训练者，你应尽量避免那些毫无意义的辩论。当你能够针对问题中的概念进行清晰定义时，你在这一阶段的训练就算及格了。

接下来你要问的问题是"为什么"，也就是弄清楚自己思考问题的目的是什么。很多问题之所以难以回答，主要是因为两点，一是之前谈到的"是什么"的问题，也就是其中涉及的概念缺少明确定义，以至于让人无法准确理解问题本身；二是没有明确的目的，例如有人问你"要不要跳槽"，对于这样一个问题，你不妨直接分析其现实意义，跳槽的目的之一是多赚钱，那么难点在哪里？在于短期赚钱之后能否长期赚钱。你不妨计算一下，跳槽后 1 年可以多赚多少钱，5 年可以多赚多少钱。当然，计算的周期越长，涉及的假设条件就越多，你可以自己在纸上或用 Excel 表格把各种假设条件列清楚，看看在最好的情况下和最坏的情况下，跳槽与否对收入有何影响。如此一来，这个问题就变成了简单地比较大小，问题被简化了。可一旦涉及一些例如"幸福感"等不可量化的目的，问题就比较复杂，此刻就需要你使用一些技巧，把定性目的转化为可量化的目的来加以比较。市场机制是通过货币对商品价值进行量化，从而极大地降低了交易成本。既然有了这种现成的量化方式，你不妨利用起来，例如评估一下用多少钱购买商品和服务能给自己带来想得到的幸福感，这样进行取舍之后，问题就成了比较大小。当然，这种量化之后进行比较的方法只能用来处理功利性的问题或一个问题中的功利部分，至于非功利的部分，就要靠价值判断来处理。如果你能找到问题的功利部分，将其量化处理并得出结论，那么你在这一阶段的训练就及格了。

如果你能持续问自己"是什么"和"为什么"这两个问题，你会发现这种思考方式会逐渐成为你的习惯，习惯后也就没那么痛苦了。这就像玩魔方，起初看起来千头万绪无处下手，但当你掌握方法并且成功还原几遍，这种迷茫感就消失了，因为未知的范围缩小了。当然，在对复杂事物进行深入分析的过程中，你总会遇到一些特殊情况。毕竟为了顺利地切入问题，你用逻辑对问题进行了高度的抽象，以至于忽略了其中很多细节，而现在，你需要逐渐找回被忽略的细节。如同还原魔方的过程中会遇到各种各样的魔方组合，你在工作、生活中也会遇到一些非常规问题，这些问题需要经过一些特殊处理才能转化为常规问题。常见的非常规问题之一是隐含假设的问题。例如，老妈和老婆同时掉进水里，你先救哪个？这类问题令人为难的原因就在于，其隐含假设本身并不成立。像上面这个问题的隐含假设是老妈和老婆只能救一个，更深层的隐含假设是老妈和老婆必然有一个比另一个更重要。这个问题就如同在问吃饭和睡觉哪个更重要。对此，恐怕所有人都会脱口而出地回答：当然是都重要，二者缺一不可。在回答这类问题之前你需要把隐含假设找到，并将其修改为正确假设。如果你能找到问题中的隐含假设，你在这一阶段的训练就及格了。

接下来要训练的是排除伪问题。在训练开始前，你还要明确一个认知，那就是并不是所有疑问句都是问题，很多疑问句实际上是"伪问题"。为什么会产生伪问题？原因仍然出在假设上，即假设是错误的。比较容易分辨的一种伪问题是明目张胆地给出错误假设，最常见的就是"假如当初"类的"后悔药"问题。例如，假如当初自己好好学习，现在会不会过得更好？这就是一个典型的伪问题，它无法回答也不需要回答。还有一种不容易分辨的伪问题是其中隐含了错误假设，最常见的就是二元论问题。例如，有人问"某某是不是好人"，这里的隐含假设是他要么是好人，要么是坏人，没有第三种情况。这种伪问题把复杂问题过度简单化，比如，上面问题的答案当然是这个人有优点，也有缺点，不可一概而论。最难分辨的一种伪问题是在隐含错误假设的基础上又引入了其他复杂问题，这类伪问题无论如何回答都会引起争吵，甚至导致不欢而散。对于这类伪问题，正确的应对方式是"不回答"，你可以指出"这是个伪问题，我无法回答"，或者干脆与提问者保持距离，很多时候沉默也是一种回答。当你能够发现所有伪问题并合理应对时，你在这一阶段的训练就及格了。

当你熟练掌握以上阶段的训练内容后，可以说，你就掌握了使用逻辑这个工具的技术动作。接下来你会注意到更多细节，你需要反复打磨技术动作，逐步熟悉各种情况，这个过程同我们训练运动技能一样，过了基础技术获得期，接下来就进入反复打磨技术的漫长的平台期。首先需要打磨的还是"是什么"的问题，也就是分类问题。一个概念可以有成千上万种分类方式，好的分类要满足三个要求，一是没有遗漏，二是没有重叠，三是彼此均衡。例如，给颜色分类，你可以分为灰度色和彩色，这样就涵盖了所有颜色，两种分类之间也没有重叠，两种类别的体量也基本均衡。如果你把所有颜色分成红色系与非红色系，那就不恰当了，因为非红色系的体量更大，这样分类显然不均衡。当我们对任何问题都能做出符合这三个标准的分类时，关于"是什么"这个问题的训练就基本结束了。

你还需要了解的是，对于逻辑的使用，我们存在很多谬误，这些谬误就像陷阱，具有很强的迷惑性，你一不小心就会掉进去。对于这些陷阱，你不可能全部了解，但了解得越多，你的逻辑能力也就越强。我们在生活中会遇到"稻草人谬误"，也就是"自己树靶子自己打"。比如有人说猫可爱，有人就会挑刺般地说："你只爱猫不爱人，是不是没有人性。"看到了吗？人家并没有说不爱人，是挑刺的人故意歪曲讲话者的立场。再如"滑坡谬误"，俗称"脑补"。比如有人说猫可爱，有人就说："你觉得猫可爱，那么你就会爱护猫，然后就会让更多的人爱护猫。当所有人都爱护猫的时候，猫就成了世界的主人，人就成了猫的宠物。"这种观点的问题在哪里？在于除了"你爱猫"，其他内容都是他自己脑补出来的，没有证据支持。类似的逻辑谬误还有很多，在此不一一列举。在使用逻辑的过程中，你需要格外留意各种谬误，时刻提醒自己，在对问题做出决策前，一定要审视推导过程是否存在谬误，及时发现、纠正谬误。

经历了以上一系列逻辑训练后，你最后还是要回到"为什么"这个问题，它是你需要面对的终极问题。面对这个问题之所以困难，是因为当你如前所述分析出功利目的之后，剩下的非功利目的的权重往往会远大于功利目的的权重，此时，问题就来到了价值层面。而逻辑仍然是我们在价值判断过程中依赖的主要工具。

思维导图是个好工具

思维导图是个好工具，可再好的工具也需要被正确使用，然而很多人并没有掌握工具的正确使用方法。思维导图就是这样一个常常被错误使用的工具。

有些人懒于思考，总想走捷径，见到思维导图就不假思索地将其当作逻辑分类神器，希望它能一劳永逸地替自己完成逻辑分类任务。如果你对思维导图持这个预期，那思维导图恐怕会让你失望。这就像列竖式进行多位数乘法运算，竖式能代替你运算吗？显然不能，竖式的作用是帮助你记录计算过程，它只是一个记录工具而不是计算工具，但是你可别小看这个记录工具，有了它，你的计算能力才得以彰显。

思维导图的作用和竖式类似，它只是记录过程的工具，无法替你进行逻辑推导。那么思维导图具体记录的是什么？是概念分类，这是逻辑的最底层。在分析问题时，你会不断深挖一个概念，也就是不断探寻概念的定义，即"是什么"，思维导图记录的是这个问题在不同深度的答案。用思维导图记录庞杂的信息，让你不会"健忘"。在分析结束之后，你还可以用思维导图做一遍整体检查，看看概念的分类是否有遗漏或重叠，以及是否均衡。

如何运用逻辑进行分析

据我长期观察，有两个原因会造成分析能力差，一是不会向下拆解问题，二是拆解问题时无法做到不重叠、不遗漏、彼此均衡。

以分析"这个月业务目标为什么没有达成"这个问题为例。

第一种思路，是从产品和销售这两个角度考虑，要么是产品的问题，要么是销售的问题。按这个思路讨论下去，结论肯定是销售人员说产品定价太高，产品经理说销售人员销售技巧不够好，于是双方开始喋喋不休地争吵。为什么会这样？因为你拆解的分类中有重叠部分，而只要有重叠部分，就会有争议，这里的重叠部分就是价格，价格既是产品的属性，又是影响销售的重要因素，因此会引发双方的矛盾。

第二种思路，是从线索量和转化率这两个角度考虑，要么是线索量不够，要么是转化率不够。按这个思路讨论下去，结论肯定就是销售部门的问题，而销售部门多半不会承认这一结论，因为这种思路没有考虑其他部门可能存在的问题。为什么会这样？因为拆解的分类中有遗漏，只要分类有遗漏，就可能找不到问题的症结。

第三种思路，是从部分责任的角度考虑，要么是业务部门的问题，要么是支持部门的问题。按照这个思路讨论下去，后台支持部门一定会受指责，但它们也只是受指责而已，最后仍然解决不了问题。为什么会这样？因为业务和支持这两个部门对业务的影响力根本不在一个层次。这就是分类不均衡导致的问题，结果只是找到了一个担责的部门，却解决不了实际问题。

所以，只要拆解不能达到不重叠、不遗漏、彼此均衡这三个要求，你必然会越分析越糊涂。怎么解决这个问题？只能勤学苦练。这是逻辑的基本功，没有捷径。

既然有人不会向下拆解问题，自然就有人不会向上溯源。最常见的情况就是不知道自己为什么分析，或者随着分析的展开，逐渐遗忘了分析的目的，抑或是想要达到的目的太多，以至于分不清主次，结果解决问题时还是千头万绪、无从下手。还以刚才的问题为例——这个月业务目标为什么没达成？假设向下拆解做得没问题，拆解到最小颗粒度，发现是培训不到位，导致销售人员的营销话术存在问题。按理说这就已经分析到位，并找到了解决方案——重新梳理培训内容。可人力部门开始犹豫了：培训一直都是自己在负责，如果承认这是自己的问题，那之前在销售人员面前树立的权威不就毁于一旦了吗？于是人力部门决定坚决不承认这是自己的问题，并想方设法地把一些不要紧的问题拿到台面上来，混淆视听，希望以此保住自己的面子。所以你看，就算向下拆解清楚了，一旦向上溯源出了问题，忘了初衷，最后还是会无功而返。

怎么解决这个问题？俗话说得好，一码归一码。这句话就是告诉你要拎得清，分析业绩就分析业绩，自己有没有面子是另一个问题，那个问题当然也需要解决，但你需要另外想办法。无论怎样，是否丢了面子不能影响解决"业绩没有达成"这个问题的初衷。分析结果表明培训不到位，这是客观分析的结果，不能以任何人的主观愿望为转移，唯有如此，你才能真正发现问题的根源，并切实地解决问题。

向上溯源往往要比向下拆解难得多，因为很多问题向上溯源后会发现都是价值观的问题，很多决策最终都是在考验你的价值观，只有具备了"虽千万人吾往矣"的气魄，你才能在价值判断上做出正确选择。

如何用逻辑进行批判

训练好了逻辑，就可以去"批判"了吗？恐怕还不行。你首先需要弄清楚：究竟是谁批判谁？对此有人可能会不以为意："这个问题还不简单吗？当然是我批判别人了，不然还能批判谁，难道让我批判我不成？"其实在一定程度上，批判思维的正确使用方式就是"我批判我"。

所谓"我批判我",分为以下三种情况。

第一种是"用我的逻辑批判我的直觉",也就是俗话说的"三思而后行"。所谓"三思",就是反复思考自己的结论是否符合逻辑。例如"双十一"大促,直觉告诉你"这么便宜,赶紧买",这就是所谓的"拍脑袋"。可什么是便宜?没有用的东西哪怕售价再低,对你来说也是贵的,你所谓的便宜其实只是感觉自己占了便宜,实际上它对你并没有用。你应该尽可能多地使用逻辑批判直觉,只有这样,才有可能避免掉进陷阱。

第二种是"用我的价值理性批判我的逻辑结论",确切地说,是用价值理性去批判逻辑推导所依据的假设。仍以"双十一"为例,每年"双十一",电商平台都会花样百出地做活动,返现、膨胀金、满减……你在计算时通常越算越糊涂。原本要买3包卫生纸,结果七拼八凑又凑了17件其他商品,终于把优惠券用完了。当你心满意足地要点击付款时,还需要再批判一下自己购物的前提假设,现在的假设是"要用掉优惠券",这是唯一的假设吗?显然不是,还有另一种假设,"不买立省100%"。很多情况下,商家会刻意引导消费者去使用逻辑,甚至希望消费者用复杂的推导过程耗尽大脑"带宽",从而掩盖他们为你捏造的错误的前提假设。这类问题之所以产生,是因为逻辑只能基于一个给定的前提假设去推理，但这个前提假设本身是否有问题，逻辑却无从判断。有人觉得应该买，毕竟大促期间商品折扣令人心动；有人觉得不应该买，用看似优惠的价格买来一堆没有用的东西，其实吃了大亏。那么由谁来判断应该买还是不应该买？只能由你的价值观来判断。

第三种是"用我的价值理性去批判我的价值理性"。这就更常见了，例如某女星美不美，某热门歌曲好不好听，人活着应不应该努力……这些美与丑、好听与不好听、应该与不应该，都属于价值判断。那要如何批判价值理性呢？你需要遵守一个准则，就是你认为的"应该"只对你个人适用，切不可用你的"应该"去要求别人，否则就容易产生道德绑架。

以上内容可能出乎你的意料，你原本以为的批判思维应该是用来批判他人的，对不对？下面，我来满足你的要求，讲一讲"如何批判他人"。例如，你从别人那里听到一个观点，那么对此你应该如何进行批判？就是将对方的观点消化、吸收并为己所用，这样，你就从批判对方转化为批判自己，进而就可以结合上面讲到的三种情况对自己进行批判了。例如，你在读一本书时，应该首先假设书中观点是完全正确的，然后基于这个假设去理解书中究竟说了什么；当你完全理解书中的观点之后，

便可以把这些观点当作自己的观点加以批判了；最后把需要的
部分纳入自己的思维框架，把不需要的部分抛诸脑后，只有这
样的批判对你才有意义。

02

运用之妙：思维框架

什么是思维框架呢？所谓思维框架，就是一个构建好的概念分类模板，也可以说是出现过的逻辑分析经典案例，例如 3C 框架[1]，它包括客户、公司、竞争对手，是对市场角色的一次分类。这个框架满足"不遗漏"的要求；这三个角色相互独立，满足"不重叠"的要求；三个角色在博弈中地位对等，满足"彼此均衡"的要求。正如我们在前面讲过的，逻辑最基本的要素是概念，实践逻辑的方式就是将各个概念分门别类，包括把大概念拆解成小概念。如果这种拆解满足不遗漏、不重叠、彼此均衡的要求，那么它就是一个优质分类。如果这种分类的实用性在实践中被证明，那么我们就可以将这个分类结果称作"思维框架"。

---

1 3C 框架中的 3C 分别代表 Customer、Company、Competitor，即客户、公司、竞争对手。

与分类相对的还有聚类，例如，这个月部门业绩没达成，会影响到什么？显然会影响这个月整个业务线的业绩完成情况，进而影响全公司当月业绩的完成、影响公司当月财务计划的达成、影响公司年度计划的达成、影响公司未来 3~5 年阶段性战略目标的实现、影响公司愿景的实现，甚至可能需要就此调整公司战略的实现路径……聚类的就是你在战略实施过程中动态调整战略的过程，而这其中涉及的业务预算、财务预算、阶段性目标、实现路径、愿景等一系列分类就是关于战略实施的思维框架。

既然思维框架如此有用，那我们要不要建立一套自己独特的思维框架呢？其实这应该是一个水到渠成的过程，强求不得。好比打篮球，经典的得分方式就是中远投和篮下进攻，初学者练好这些已经很不容易了，哪怕只把其中一项练好，打比赛就足够用了，并不需要发明一种新的得分方式。思维框架也一样，当你对逻辑的运用已经驾轻就熟时，你每次进行逻辑分析时对问题进行分类、聚类的过程，本身就是在搭建独特的思维框架。两个熟练运用逻辑思维的人，即便其分类都满足不遗漏、不重叠、彼此均衡的要求，他们的分类方式也未必一致。为什么？因为大家看待问题的角度不同，分类的方式自然就不同，例如对水果进行分类，有的人喜欢按大小来分，大的如西瓜，小的如樱桃；而有的人则喜欢按结构来分，需要去皮吃的，如榴莲，不去皮也可以吃的，如苹果。这两种分类方式都可以满足不遗漏、不重叠、彼此均衡的要求，但是分类的结果迥然不同。所以，不需要刻意追求独特框架，当你能够综合各种已知框架形成一套完整的思维框架时，这个框架一定是足够复杂的，这种复杂度决定了它必然是独特的。

03

自我迭代：学习

什么是学习的悟性

悟性很高的人通常掌握了一般思考方法、具备了一定思考能力、早早思考过绝大部分问题、思想上具备一定广度和深度。若在此基础上增加一点认知突破，他们就可以将已有的思想拼接联系起来，做到融会贯通。王阳明的龙场悟道就是此理，他在那之前经历了长期的学习和思考，具备了悟道的基础，在龙场时只是灵光乍现，突破了一点认知，于是原本孤立的思想被串联起来，实现了自治，他的学问体系也就贯通了。

那么悟性高的人具备的思考能力究竟是什么？人的复杂思考需要基于语言，如果把语言进一步抽象，你会发现语言的基本组成单位是概念，而这些概念彼此之间的联系就是逻辑。逻辑又被称为"工具理性"，因为它有一定规则，使用它就像使用一件精密的工具。但是，如果问题太过复杂以至于形成了混沌系统，那么工具理性就无能为力了，此时你只能求诸"价值理性"，去做价值判断。价值判断是一种不精确的判断，只有"应不应该"，没有"对与错"。具体到某一个问题，你的认知过程是怎样的？首先你会通过联想将问题中的要素对应到语言中已知的概念上；再以这些概念为关键词，在自己的大脑中搜寻是否存在与之类似的问题，这种搜索也是一种联想，它类似于"连连看"；一旦连上了，你就会对这个现实问题进行抽象理解，将其转化为与已知问题类似的形式，这样就可以用工具理性对其进行分析，并得出最终答案。关于这种认知过程，最典型的例子是数学建模，例如你现在是销售部门的负责人，这个月有100万元的费用预算，你要用这100万元去网上购买流量以获得线索，并且雇用电话销售员去打电话做推销，假如一条线索单价5元，一个电话销售员的月薪为5 000元，一个电话销售员一天可以处理100条线索，那么你应该雇用多少个电话销售员才能最高效地利用这100万元的预算？这就是一个最简单的数学建模。面对这个问题，你可以瞬间想到一些概念，比如预算、成本、单价、工资、处理能力、利用效率等，之后你继续思索之前是否遇到过类似问题，你很快会找到答案，想起自己之前用一元一次方程解决过类似问题，只要设定需要 x 个电话销售员，列一个方程求 x，就可以得出答案了。

当然了，这是最简单的问题，如果问题稍微复杂一点，例如不同渠道的线索质量参差不齐；电话销售员也不是机器，处理的线索过多就会产生抵触情绪从而降低效率；你的预算不是一个月的预算，而是一年的预算，你需要进一步分配每一个月的预算，而且你的目的不是用光所有预算，而是获得最大的投入产出比……如何分配预算才能获得最大的投入产出比？对于这么复杂的问题，你可能找不到可以套用的模型，这时要怎么办？恐怕只好启用价值理性进行价值判断了，即获得一个大致方向。例如，是要以人为本，把预算更多地投入到电话销售员身上以保证他们能稳定持续地成长，从而提高转化率；还是把预算投入到线索的获取上，通过提升线索的数量和质量进而提高成交量？你没有办法在事前分析对错，只能选择一种你认为"应该"的方式。

我们可以通过建立自己的知识体系来提升思考过程中对概念的搜索效率，这一点我们之后会详细讲。而工具理性既然是工具，自然也就可以通过训练提升使用的熟练度。唯独价值理性比较复杂，价值理性背后是混沌系统，它没有明确的提升路径，只能靠多读书、多思考，在实践中磨炼，在各个领域获取极致体验，以此构建自己的价值观。

回到悟性这个问题。悟性高低与联想能力的强弱、对工具理性的熟练程度相关，如果你在这两方面受过专业训练，那么你日常表现出来的就是所谓的"聪明"，也就是悟性高、一点就透、举一反三、闻一知十等。但遇上更复杂的问题时，只有"聪明"是不够的，还需要求诸价值观，你只有在构建了完备的价值观之后，才能对各种难题做出价值判断。这种判断是你认为应该做的，执行这种判断时，即便在物质层面要承受损失，你依然无怨无悔，这时，你就已经远远超出"聪明"的范畴，而可以被称为"智慧"。

如何拥有超强的学习能力

悟性高的人学习能力一定强吗？未必。悟性高只是学习能力强的必要条件，却不是充分条件。要想获得超强的学习能力，在具备一定的悟性之后，你还要完成以下事项。

在学习一项技能之前，你首先需要调整预期，事物无不是在自我否定中发展的，学习也是一样。从"看山是山"到"看山不是山"，再到"看山还是山"，你突破一层后便会发现外面还有一层，你的认知圈越大，未知的事物也就越多，永无止境。在这个过程中，你会迷惑，也会痛苦，为了不让自己知难而退，你需要为自己设定合理的预期。学习的过程是呈螺旋上升的，是终生的事业。学习这件事，不怕试错也不怕摔倒，就怕在摔倒的地方躺平，甚至遇到上坡时不进反退。

当你调整好预期、做好了长期艰苦奋斗的准备时，接下来要做的就是勇敢开始。不骑车就永远学不会骑车，学习最难的就是开始。绝大多数人的学习只停留在计划阶段，他们从不开始。要如何开始？突破认知。想突破认知，就要不顾一切地做。想读书，就拿起书来读一页，想写作，就拿起笔来写一句，只有当你真正开始了，你才会知道下一步要做什么。

开始之后还需要坚持，学习是积累的过程，小步快跑，积土成山，量变引起质变。开始之后，坚持就成了最难的事情，你不但要坚持学习，还要坚持实践。学了写作，就拿起笔去写作；学了篮球，就上场去打篮球。只有实践，才能让你快速获得反馈，有了反馈，你的求知欲才能持续得到满足，才有源源不断的动力学习。在学习的道路上，你不但需要积累，还需要整理，需要把获取的知识装进自己的知识框架，把获得的知识点分门别类地存放好，这样才能在各个知识点之间建立联系；正因为有了这些分类和关联，你才能记住这些知识点，实践时才能更快地进行检索，让自己联想到与实际问题相关的知识，进而解决实际问题。

不论学习什么，最后总要落到实践上。只看别人下棋学不会下棋，"学习"中的"习"本就有练习、实践的意思，因此实践不是学习的后续步骤，而是学习本身不可或缺的组成部分。"学"未必能让你快乐，但是"习"一定可以让你获得因自我实现而产生的满足感，这就是为什么《论语》开篇就说"学而时习之，不亦说乎"。比如，上文中提到的数学，哪怕你只是从算术切入，学了之后也可以应用到日常生活中，例如，你在和同事们聚餐结账时，服务员还在按计算器，你就用心算出来告诉她一共消费了多少、每个人分摊多少。当然，这种算术只是雕虫小技，你和领导讨论定价策略时，可以直接把价格抽象为基础价格，将折扣比例作为决策变量，并通过函数与决策变量把用户购买倾向和折扣关联起来，这样你得到最终结果时，会获得更大的满足感，这也会激励你更加努力地学习。

如何拥有超强的记忆力

有人说自己虽然喜欢学习新知识，可学过的知识转头就忘，这该怎么办？专业棋手可以不看棋谱而全凭记忆复盘一局棋，这是因为他们的记忆力异于常人吗？为了验证这个猜想，有人做了一个实验。实验人员在棋盘上杂乱无章地放上棋子，让职业棋手们记忆，然后打乱棋子让棋手们进行复盘，结果怎么样？棋手们复盘的程度跟普通人没有差别。为什么会这样？因为职业棋手能够快速复盘的棋局都是通过实战产生的，棋局上每一个棋子与其他棋子之间都有着千丝万缕的联系，越是精彩的棋局越容易复盘，因为很多情况下落子的选择并不多，而其间仅有的几个出其不意的妙手又会给人留下特别深刻的印象，因此专业棋手那时看似在复盘棋谱，但基本可以算作按照自己的思路下了一盘棋，并不是简单地死记硬背。一个知识点就像一枚棋子，如果这些知识点杂乱无章地摆在那里，记住它们的难度就像职业棋手复盘随机棋局一样，既没有可能，也没有意义。怎么才能记住这些知识点？当然是把它们关联起来，使它们组成一个真实的棋局。知识点关联得越紧密，知识框架越完备，知识点之间的重叠越少，分类越均衡，就越容易被记住。

如何建立这样的知识框架？正如我们上一节讲到的，你需要学习和实践，二者缺一不可。

当然了，并不是所有知识都方便在生活中实践，例如微积分，我们在日常生活中很难对其加以实践，那要如何实践这类知识呢？其实所谓"实践"，未必一定是解决实际问题，针对抽象的知识，"复述"也是一种很好的实践方式。所谓复述，就是用自己的语言把抽象的知识讲给别人听。如果你能把这些知识给别人讲透彻，那么你自己对知识的理解肯定更透彻。为什么？因为你在准备复述的过程中会设身处地地把自己置于面对听众的场景之中，你会努力设想对方可能遇到的困惑和可能提出的疑问，当你能解答这些困惑和疑问时，你不但牢牢记住了知识，对知识的理解也更深刻了。

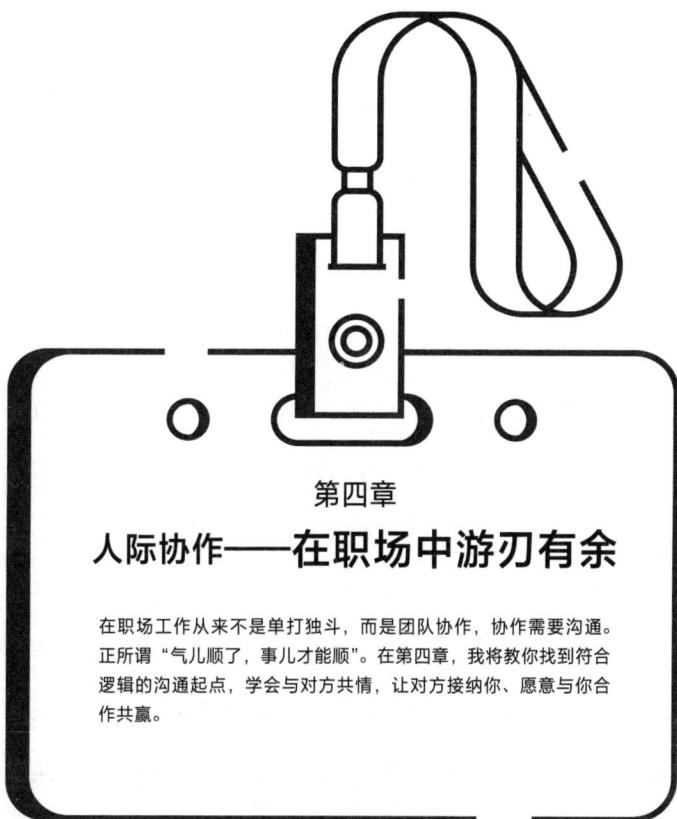

第四章

人际协作——在职场中游刃有余

在职场工作从来不是单打独斗，而是团队协作，协作需要沟通。正所谓"气儿顺了，事儿才能顺"。在第四章，我将教你找到符合逻辑的沟通起点，学会与对方共情，让对方接纳你、愿意与你合作共赢。

01

慧眼识人：段位

沟通不是从你和同事说第一句话时才开始的，从你看对方第一眼并开始判断他的"段位"时，沟通就开始了。那么当你初次遇到一位同事时，应该如何判断对方的段位？

当一个人远远走过来，你看到他腰背挺拔、步履矫健，那么这个人大体上不会差。因为养成这种行走姿态需要一个长期的过程，这也从侧面反映出这个人在过去很长一段时间的生活里养成了良好的习惯，引导他养成这种习惯的，有可能是他的父母，或者是他的学校，抑或是他自己。这种影响是潜移默化的，其力量之大堪比滴水穿石。当他到了近处，你可以看他的身材，如果有明显的训练痕迹，那么这个人的生活肯定过得不错。与好身材相比，任何奢侈品都不算奢侈，因为真正的奢侈要靠时间和精力去积累。好身材不只说明他有一定的财力，更关键的是说明他在工作以外还有时间和精力。你再把目光移到他的脸上，看他的表情。他眼里有光、面带微笑，虽说微笑，但你看不出他的情绪，他表现出来的只有从容淡定，那么这个人一定不简单，因为只有见过大场面、身经百战的人才能遇事从容、志存高远、不急功近利，所以才会显得那么淡定。

当然，光看外表显然不足以深入判断一个人，想要深入了解对方，你至少还要听他的言谈。开始谈话之后，先听他的语气、语调，如果唯唯诺诺、趾高气扬，说明他没见识，还没来得及调整好自己的位置。如果他说话不卑不亢、不紧不慢，等待你抛出观点，而他只是洗耳恭听，那么这个人的段位可能比较高，他的目的是让你先抛出话题，针对你的话题，他再兵来将挡，水来土掩。为什么他不急于出招？因为他心里有底，你出什么招他都能接得住。好比下棋，当你经历过成千上万场棋局之后，各种棋局的布局你早已烂熟于胸，那时你还会在乎自己是先手还是后手吗？讨论过程中，如果他时不时抛出"能不能定义一下某某概念"或者"你说的某某概念具体是指什么"之类的问题，那么这个人一定受过良好的逻辑训练，他思维缜密，此时你要留意自己的表述和措辞了，因为你的任何漏洞都逃不过他的耳朵。如果他不但追求对概念的明确定义，同时还会问"你为什么要这么做"或"你的最终目的是什么"，那这个人就是人们所说的"达人"，不光聪明，而且通透。当然，你也可以反过来问别人同样的问题，看他们如何回答。如果对方支支吾吾或顾左右而言他，总是说不到关键点上，甚至说的内容自相矛盾，那这个人的水平可想而知。如果一个人只是夸夸其谈，说的都是大道理，分析得都对，但就是不说"如何做"，那么这种人就是现实生活中的"鸡汤大师"。这时，你可以礼貌地提前结束这次对话，不要浪费宝贵的时间去听那些假大空的内容。如果他不但讲了理论，还告诉你实践的方法，甚至他讲方法时还会自带切入点，由浅入深、由小及大地告诉你如何开始，那么恭喜你，你遇到了良师益友，跟着他你会突飞猛进。如果他在谈话中经常引用成语或时不时抛出一两句诗词让你觉得恰到好处，那说明你们的谈话只占据他大脑的很小一部分"带宽"，他的处理能力严重溢出，他很快就会对正在谈论的话题失去兴趣。还有些人的观点牵强附会，看似对于什么都能给点建议，但又不见得是什么好建议，这种人其实没什么见识，而且不够自信，害怕别人忽略他，所以才喜欢凸显存在感。对于另一些人，你觉得他们的某个观点见解独到，想再听他们讲讲对其他问题的观点时，对方却开门见山地说"这不是我所擅长的"或干脆说"这东西我不懂"，那么这个人很可能是个高人，因为人家"吃过见过"，所以不屑于表现自己。如果一个人跟你辩论，而且争得面红耳赤，那么你们的段位应该差不多。高手辩论，输赢从不会当面产生。高手抛出的观点都是经过深思熟虑的，而且逻辑自洽，因为高手不会花时间进行无所谓的争论。

使用以上看人识人的技巧时一定要注意一点，那就是人始终是变化的，千万不要用第一印象给别人贴标签，否则你会吃亏。正所谓"士别三日，当刮目相看"，你需要时常对他人重新进行审视。

02

统一认识：沟通

如何沟通

沟通的目的是达成合作并解决问题。这个目的决定了沟通不但需要逻辑，而且需要共情，逻辑决定内容，共情决定形式，二者缺一不可。事实上，很多问题并没有正确答案，只有双方妥协后都能接受的答案。

在与他人讨论具体问题之前，我们首先需要的并不是逻辑推导，而是发挥共情能力感知对方的情绪。所谓共情，简单说就是把自己想成对方，设身处地地体会对方的情绪。绝大多数的沟通之所以失败，并不是因为事情本身有多复杂或双方存在根本的利益冲突，而仅仅是因为在情绪上产生了对立，沟通成了斗嘴和斗气。你说东他偏说西，这时对方已经不是在用有逻辑的方式与你沟通，在这种情况下，你们的沟通是无法继续的。在沟通时，如果遇到这种情况，你需要及时暂停对问题的讨论，然后审视自己，看看自己是否带有负面情绪，因为对方的情绪很可能就是被你的负面情绪激发出来的，你需要先调整好自己的情绪。

只有自己的情绪平稳了，能心平气和地与对方对话了，才是逻辑登场的时间。人们的逻辑能力往往与其受教育水平相关，虽然这并不绝对，但是两者相关性很高，因为教育中的内容都是对逻辑的训练。为什么沟通一定要基于逻辑？因为人和人的沟通狭义上是指语言沟通，而语言之所以能够作为沟通工具，正是因为语言统一了人们对概念的定义，并且规定了概念与概念之间的联系，只有你说的苹果和他说的苹果是同一个东西时，你们才能开始讨论苹果，否则连概念都不统一，谈何沟通？逻辑是连接人类个体与个体的纽带之一。因此，在调整情绪之外，我们在沟通时还要使用逻辑表达自己的观点及支持该观点的依据和推理，也就是俗话说的"讲道理"。

调整好自己的情绪并用逻辑梳理清楚自己的观点之后，你将进入最困难也是最重要的沟通阶段——引导对方的情绪。每个人的立场不同，假设也不同，同样是一盘蔬菜沙拉，有些人可能认为清淡爽口，有些人则会认为食如嚼蜡，这样双方在讨论这盘沙拉"好不好吃"时，显然是无法达成一致的，而在很多问题中，双方的矛盾其实和"好不好吃"这个问题相似，涉及主观感受和价值观，超出了逻辑的范畴。这种问题是没有道理可讲的，想说服别人，让其与自己达成一致看法，既不可能，也没必要。既然无法达成一致，那就只能退而求其次地做出妥协，最后达成一个彼此都可以接受的结果，或者如果问题无关痛痒，那就搁置。例如，喜欢吃沙拉的人去吃沙拉，喜欢吃牛排的人去吃牛排，各得其乐就好。对方是否同意妥协，往往要看对方的情绪如何。对方高兴就会妥协得多一些，不高兴就会妥协得少一些，气愤时干脆一点儿也不妥协，甚至拒绝搁置争议，一定要斗气到底。

很多情况下，对方的情绪并不一定是由问题本身引起的，而是由其他无关的事情引起的，例如自己喜欢的球队输球了，家里的宠物生病了，或者早上上班堵车了，等等。也就是说，在你们讨论问题之前，他的负面情绪就已经存在，你们的讨论只是进一步激化了这些情绪。你可能会认为这种与你无关的情绪不应该由你来替他疏导，但你的目的是解决问题，因此在达成这个目的的路上遇到的一切问题，都是你需要解决的问题。那么该怎么解决？你可以试着了解对方为什么不开心，如果对方说出了原因，那么你就可以和他站在一起，表示如果是自己遭遇这种事肯定也不开心，你现在很能理解对方的感受。你甚至可以举一个类似的例子，说明自己也有过同样的经历，例如对方因为堵车迟到了，你就把自己因为堵车迟到并被领导批评时的感受分享给他。这样可以迅速拉近你们之间的距离，在他看来你和他是一对难兄难弟，甚至觉得"这人还不错"，到了这一步，你们的沟通就成功了一半。

如果道理讲清楚了，情绪也引导到位了，最后还是无法达成一致，又究竟是怎么回事？这涉及你需要建立的另外一个认知了，即并不是所有问题都需要一个结论，或者说在你认为的同意或不同意之外，还存在另外两种结论，一种叫作"无解"，另一种叫作"伪问题"。例如，针对沙拉到底好吃不好吃这个问题，正确答案显然不是好吃也不是不好吃，而应该是无解。就像做数学题一样，无解不是没有答案，而是这个问题本身不可解，"无解"就是正确答案。在我们的认知里，通常认为问题必须有一个解决办法，却忽略了"无解"这种答案。因此当你们的沟通推进不下去时，就要重新审视这个问题是不是一道无解题。这一点很重要，它可以让你不在无解问题上浪费大量宝贵的时间。我们在"如何训练逻辑"中讲到，"伪问题"是指这个问题本身存在矛盾或（隐含）假设不成立，例如 1 斤和 1 尺哪个多？这个问题根本不成立，而你却试图回答它，结果当然只能是各执一词、莫衷一是。所以你需要警惕这些伪问题并具备发现伪问题的能力，一旦发现伪问题，就及时终止讨论，不要浪费时间在毫无意义的争论上。

沟通需要智慧，一方面需要发现伪问题或得出答案就是"无解"的智慧，另一方面需要与沟通对象在情绪上达成和解的智慧，前者处于逻辑层面尚有迹可循，后者因为关乎情绪而多变，需要格外注意。

如何夸奖

夸奖是沟通中的重要技巧，接下来，我们就来分析具体要如何夸奖。

最简单的方法是说"你太聪明了""你真是天才""不愧是领导，就是厉害"，但这种夸奖太过宽泛、表面，会让人感觉你不够用心。当然，这样夸奖也不会带来负面效果，如果你实在学不会其他方法，可以考虑用这种方法。

更好一点的做法是对事不对人，有的放矢地夸奖。例如在球场上，队友助攻你进了一个好球，你走上去击掌，送上一句真诚的夸赞；职场中同事达成业绩时，你也可以送上一句"给力""靠谱"或"真棒"，如果能同时配合拍肩膀、拍后背、触碰手臂等肢体语言则效果更佳。

做到这一步, 别人已经会对你的情商给予肯定, 不过接下来你还可以更进一步。怎么做呢? 将鼓励与夸赞合二为一, 例如"我相信这还不是你的全部实力""我知道你远没有发挥出自己的水平""我要是有你的能力绝不会甘心于此", 这类句子适用范围很广, 取得成绩时可以用, 成绩平平时可以用, 业绩不佳时也可以用。这种夸奖或鼓励之所以更高级, 是因为之前的方法只是针对一个人的过去予以评价, 而这种夸奖则面向未来, 是积极进取的, 能给人信心和动力。当别人受到你的鼓励并取得进步之后, 你很可能因此而多结交一位有能力的朋友。很多人甚至会把这种鼓励当作"知遇之恩"。当然这不是教你去处心积虑地玩心机, 所有夸奖都必须出于你的真诚。

如何批评

有夸奖就会有批评, 批评是沟通中难度最高的部分, 难在哪里? 一是批评所针对的问题本就不容易被厘清; 二是批评容易变成情绪宣泄; 三是批评的动机不纯, 很多时候批评并不一定是为了解决问题, 而可能是谋求一己之私。以上三个问题只要有一个没处理好, 那么批评就会变成"攻防大战", 一个人拼命地批评，而另一个人则拼命地分辩，最后变得势同水火。

为什么批评所针对的问题不容易被厘清？原因可能出在批评的方式上。例如最典型的批评是"这事就是你不对"或"这件事就不应该这么做"，这种批评的共同点是什么？他们都带了一个"就"字，"就是""就不应该""就……"。产生这种批评的原因，是批评者没有梳理清楚问题，对于批评准备不足。在对方表示反对之后，批评者仍然没有意识到自己的问题，而是产生了应激反应，下意识地以为对方是在挑战其权威，所以没有进一步分析问题而是试图利用权威来打压对方，才出现了"就……"这个句式。这些批评者可以换位思考一下，如果别人对你采取这样的批评方式，你能接受吗？

"把批评变成情绪宣泄"最典型的例子是"这点事都做不好"或"我就知道会出问题"，同时伴随唉声叹气，这种批评可以被看作情绪宣泄。这种情绪宣泄会诱发对方的情绪，引起对方的争辩，甚至发展为情绪失控。

什么是"动机不纯的批评"，其实宣泄情绪就是。不过那是无意识的，而真正的动机不纯的批评则是有目的的，最典型的例子就是"你还想不想干了"或"我是这么说的吗""我让你这么做了吗"等反问句。当一个人说出这些话时，他批评的动机还是去解决问题吗？不，他只是单纯地想让对方屈从于自己，这些话对解决问题没有任何帮助。这种批评是最容易挑起情绪的。

既然批评中存在这么多常见问题，那是不是就不能批评了？当然不是，批评还是要批评，但在批评之前需要做好充足的准备。

首先，要把自己假想成对方，做一次预演，站在对方的角度审视自己的批评。只有当你能回答对方所有的质疑，才意味着你把问题彻底梳理清楚了，也才能有的放矢地批评，做到了这一点，你的批评中就不会出现"就……"的句式了。

其次，在批评的过程中要杜绝一切情绪，你要清楚，你与对方是成年人之间的合作关系，别人只有做事的责任，没有为你充当情绪沙包的义务。作为批评者，如果你能控制好自己的情绪，那么对方的情绪也就不会爆发了。

最后，要把批评的目的想清楚。你想通过这次批评解决哪个问题？时刻提醒自己把注意力集中在解决问题上，不要带有除了解决问题之外的其他动机。在说出每一句话之前，你都要问问自己这句话对解决问题有什么帮助？如果答案是没有，就不要说这句话，这会让你的批评变得简单且透明，别人自然也就会把注意力集中在问题上，只有这样，问题才更容易被解决。切记，只有同时做到以上三点，你才能批评别人，否则还是先自我批评吧。

如何拒绝

有的人认为拒绝是不好的行为，自己不应该拒绝别人，这些人之所以会这样认为，原因在于他们没有认识到，拒绝也是一种沟通能力。你可以拥有这个能力而不使用，但不会拒绝却是万万不行的。在职场中，不会拒绝的人不在少数。有的人碍于情面不好意思拒绝别人，有的人则是缺乏拒绝技巧，拒绝是拒绝了，最后却导致撕破脸、吵翻天，甚至反目成仇，因此，有必要针对"拒绝"进行专业训练。

在学习拒绝的技巧之前，要先建立三个认知。首先要认识到"自己并没有那么重要"，别人找你帮忙或领导给你分配任务，并不等于这件事非你不可。其次要认识到"他也没那么重要"，你离开谁都会照常生活，就算你拒绝了别人也没什么大不了，你并不会因为失去他们而受到什么影响。最后还要认识到人和人是平等的，我们可以做出自己的价值判断，我们知道什么是"应该"，可以按照自己认为的"应该"去做事，如果你认为"不应该"，没有人能强迫你转变。因此，拒绝与否完全取决于你自己，如果你认为别人的要求不合理，你可以拒绝。

那么，如何分辨应不应该拒绝？答案是"正名"，也就是看对方提出的要求是不是"名正言顺"。例如，你是程序员，领导让你与产品部同事沟通一下新需求，这是你的本职工作，因此不应该拒绝；但如果领导让你去帮他搬家，这就不在你的工作范围内，因此可以拒绝。又例如，朋友向你借钱，你们只是吃过几次饭，算不得真正的朋友，那么你应该拒绝；如果是过去在你困难时帮助过你的朋友向你求助，你就不应该拒绝。而所谓的"正名"，最终由你的价值观决定，当你构建起完备、自治的价值观后，自然也就知道什么是"应该"、什么是"不应该"了。

假设你现在知道了什么是应该拒绝的，那么一旦你确定要拒绝，接下来的问题就是如何有效而又不失礼貌地拒绝。做好拒绝的原则是"互利"，这不是怕你吃亏让你斤斤计较，而是对你的保护，也可以说是对你们彼此之间合作关系的保护。方法是当别人向你提出要求时，你也向对方提出一个对等的要求，从而把你对他单向的帮助变成你们之间的利益交换。例如，同事让你帮他买午饭，你直接拒绝当然也可以，但略显生硬，不如先爽快地答应，说"好的，但是我正在改的这个 PPT 马上要交，要不你帮我改一下，我去帮你买饭"，一般情况下他是不会同意交换的，因此这也就相当于拒绝。此外，可以用"拖"的办法，例如，他让你帮忙买午饭，你就告诉他，"我马上要开个会，估计 2 个小时能开完，开完我就去帮你买"。你觉得他能等你 2 个小时吗？因此，这也是拒绝。还有一种办法是告诉他其他解决方案，他让你帮忙买午饭，你可以告诉他"我前两天刚叫了一个外卖特别好吃，我把电话发给你，你点一份试试"，这样既解决了对方的午饭问题，也达成了自己拒绝的目的。

以上是同事之间的拒绝，如果是领导提出的要求，要怎么拒绝呢？例如，领导说你帮我做一下这个 PPT，如果这是个合理要求，你没有理由直接拒绝，但又很为难怎么办？你可以和领导说，"我手头正在做一张报表，这两天要赶工出来，估计要到明天才能做完，您看我是不是先做完报表再做 PPT"，如果领导也认为报表比较紧急，他自然就不会再让你做 PPT 了。对于领导安排的工作，实际上并没有什么是应该拒绝的，因为领导的本职工作就是分配任务，而你的本职工作就是完成领导分配的任务。虽然不应该拒绝，但是你却可以与领导讨论先做哪个、后做哪个，明确优先级是你的权利也是你的责任。然而说到优先级，你要注意一点，排列优先级时绝不能把个人利益凌驾于部门利益之上。

如果手头没有重要工作，但是领导安排的工作又不想做，那该怎么拒绝？在这种情况下，理论上你是不应该拒绝的，但在实际工作中，你却可以尽可能提前找到自己想要做的事，如果你想要做的总是重要的事情，那么领导自然也会同意你先把那些重要的事情完成，这样你就有了优先级更高的事情来名正言顺地"拒绝"领导。如此一来，你虽然"拒绝"了领导，去做了自己想做的事，但领导不会反对，反而会对你赞赏有加，毕竟你做的事情可以让你和领导共赢，在领导看来何乐而不为？

如果你能把以上几点融会贯通，知道自己可以拒绝，知道什么时候拒绝，知道如何拒绝，甚至能通过主动找到优先级更高的事情去做，而"拒绝"领导的其他要求，那么你的职业道路就不会被琐事羁绊，自然就顺遂多了。

如何催

沟通能力强的人有一个共同特点，他们大多擅长"催"。可不要小看这个"催"字，你可以设身处地地想一想，当你发现了问题、明确了目标、给出了解决方案、确定了执行人、定下了交付时间、明确了交付物、安排好了分工之后，接下来要做什么？坐等问题被解决吗？相信我，那样你的计划很可能无法按时完成，甚至可能半途而废。没有压力就没有动力，这时你需要的就是"催"，那么该如何催？

首先，是如何催下属。催下属一定要做到对事不对人，不要靠人催，要靠计划催，你可以尽可能详细地拆解计划，最好每天都有一个交付结果，每天在特定时间花 10 分钟开个碰头会，让下属们汇报各自的工作进度，超期的要说清楚为什么超期、解决方案是什么、预计会超期多少天、对整个计划的影响是什么、需要什么帮助。如此一来，你既能及时掌控进度，也不会引起下属的反感。如果存在计划超期并且是因下属的原因导致的，你也能第一时间得到反馈，及时发现问题并及时采取方案止损，把进度追回来。

其次，是如何催同级。催同级依然不能靠人来催，还是要靠机制。方法与催下属类似，但可以改为每周开一次碰头会，而且要让对方的领导和自己的领导也参加，必要时还要请更高一级的领导参加，每周例行汇报工作进度，把超期项醒目地列出来，并且向领导说明，这些超期会导致项目整体延期多少天。如果是由于你的原因导致超期的，你要给出补救方案；由于别人的原因而导致超期的，也让他们自己给出补救方案。如果他们不配合，领导通常会出面协调。

最后是如何催领导。很多人可能会奇怪，难道不都是领导催我吗，我怎么还要催领导？没错，领导也需要催，不催领导说明你的向上管理做得不到位。领导手里有很多资源，这些资源可以大大降低你完成项目的难度，如果能利用这些资源把项目做得更好，为什么不利用？所以，在做计划时一定要让领导参与进来。资源中最重要的是管理资源，有些话你说了不管用，但领导说了就管用，这就是管理资源。既然项目让你牵头，那你就一定要保质保量地完成项目，哪怕领导"掉链子"了，你都要坚持住，作为项目的牵头人，必须有舍我其谁的气势，要处理好一切阻碍你前进的环节，包括领导负责的环节也不例外。所以，该领导签字时要催他签字，该领导发话时要催他发话，及时向领导汇报项目进度，重要的事情，哪怕只是一句话也要当面说清楚。你是不是会担心这样做会让领导讨厌你？你放心，领导高兴还来不及，有你这么个"闹钟"，他就不用时刻记着催你了，而是等着你催他就行，让他省了很多心。

另外，对于外部合作伙伴，甲方催乙方可以参考领导催下属，乙方催甲方可以参考下属催领导，同等地位的合作伙伴自然是参考同级催同级了。

如何提高沟通中的情商

你是否遇到过这样一些人，你在与他们沟通时感觉如沐春风，大家对他们也是交口称赞，夸他们情商高，他们是如何提高情商的？

首先，要避免前面提到的，用反问句进行沟通，例如，"我是这么说的吗？""能听明白我说的话吗？""谁让你这么干的？"这种反问句是很伤人的。

其次，要尽量把命令语气改为请求语气。例如，把"你去把这个PPT做了"改为"麻烦帮我把这个PPT做一下"。请求语气的特点是什么？首先是不要轻易用"你"这个字，这个字本身就有一定的俯视感，因为有一个与之对应的敬语"您"做对比，所以"你"这种称谓显然不够尊重，但是用"您"又显得仰视，如果把握不好尺度，最好什么都不用。其次是加上"麻烦"二字，这是很客气的说法，用在和同级同事的沟通中是得体的。再者，"帮我"是一个明显的请求语，而实际上别人也确实是在分担你的工作，即便这是他的分内事，但"帮我"显然能让对方感到被尊重，也更可能会全心全意地把事做好。

做到以上两点，你基本能迈入高情商人士的行列了，那怎么才能更进一步提升自己的情商？其实"情商低"的原因，不在于技巧，而在于认知，情商低的人即便感觉到了对方的情绪变化也不在意，他们觉得自己是在就事论事，为什么要在乎别人高不高兴？久而久之，他们会下意识地忽略共情，转而变成一味地"讲道理"。我们在前面讲"如何沟通"时提到过，"说得对"和"说得服"完全是两回事。因为，一方面，很多问题未必只有一条解决路径，你说这么走是可以的，别人说那么走也是可以的，但既然你让别人产生了抵触情绪，那么人家就偏偏不按你说的来；另一方面，就算只有你自己说的是对的，但别人仍然可以故意做错，这时别人在乎的已经不是对错，而只是争口气。沟通的目的从来不是"你错我对"，而是要把你和他变成"咱们"，只有有了"咱们"，才能一起对付"他们"，这个"他们"可以是另一群人，但更多的时候是那些问题。

当你建立了这个认知，开始注意感知对方的情绪变化之后，还需要提防一点，那就是不管对方的情绪有多好，你在你们的沟通中都不要主动向别人提建议，甚至当别人向你寻求建议时，你也要慎之又慎，只有到了必要的时候，你才能小心翼翼地说出你的建议。如果必须提建议，你最好使用引导的方式让对方自己把建议说出来。例如，你可以说"你的方案好是好，但总觉得这里有点不对，但又说不清楚，你看应该怎么改改才好呢？"当他把你想说的建议说出来之后，你就再也不用担心他的执行力了，因为毕竟那是他自己想出来的方案。最后需要注意的是，当对方情绪爆发时千万不要给任何建议，等对方情绪消解了、理智恢复了，再重新开始讨论问题。

以上几点如果你都能做到，就不用再担心自己的情商了，如果再注意一些细节，例如表情、肢体语言、时机把握等，你将成为公司中最受欢迎的人。

03

如虎添翼：向上管理

和领导走得近到底好不好

很多职场人都有一个困惑，就是和领导走得近到底好不好？在讨论这个问题之前，我们需要先定义一个概念，什么叫"走得近"。举两个例子，第一个例子是小王，他每天鞍前马后围着领导转，端茶倒水，挡酒买单，态度殷勤，服务周到，可就是个人业绩平平。第二个例子是小张，他平时离领导远远的，绝不主动找领导闲聊，但他是部门的核心技术人员，遇到困难的项目，领导第一时间想到的都是他，但是因为他手上项目太多，小张不得不经常找领导汇报进度、催审批、要资源。你说小王和小张哪个跟领导走得近？假设部门有一个升职加薪的机会，你说领导会把这个机会给小王还是小张？领导恐怕想都不用想，这个机会一定是小张的，甚至在他脑子里从来就不会出现小王这个选项。因为领导的核心诉求是业绩，所以，小张才是和领导走得最近的，就算他不想和领导拉近关系，领导也会重视他。

所以说，和领导走得太近到底好不好？当然好，越近越好，但前提是你要凭能力，而不是靠溜须拍马。

如何向领导靠拢

既然在提升能力之余仍旧要和领导拉近距离，那如何才能向领导靠拢？答案是通过汇报，不但要汇报而且要勤汇报。为什么要勤汇报？第一个原因很明显，领导的下属不只有你一个，多人分工协作，总需要相互协调。例如，你要寄一个快递，到了约好的时间快递员却没来，你本打算寄件后出门上班，结果上班都要迟到了快递员还不来，于是你打电话询问，对方说有事会晚点到，那你是不是要问一下大概会晚多久？如果晚 10 分钟你还可以继续等，要是晚 1 个小时那就没办法等了，因此你要求他给个准确时间，这不过分吧？这时如果他说"我也不知道，你先等着吧"，换谁都会被气炸！换作领导对你，也是一样的道理。

第二个原因比第一个原因还重要。那就是勤汇报可以减轻领导的顾虑。项目进度如何？你有没有在做？思路对不对？能不能做出来？什么时候能做出来？会不会搞砸了……领导满脑子都是问号。如果你及时向他汇报项目进度，哪怕提前告诉他你不知道怎么做，他都可以想办法补救，这时他可能不但不会生气，反而还会觉得你可靠。

如何汇报

汇报有很多种场景，日常口头汇报、每周例会、季度述职、年终总结……形式多种多样，但是总结起来可以说万变不离其宗，核心可以概括为一句话，"用最短的时间，说明白你做了什么，以及将来打算怎么做"，而说这些的目的只有一个，就是"要资源"。

以下是汇报的一般形式。

首先，汇报量化指标。为什么要汇报量化指标？因为判断"好坏"的标准因人而异，而数据却是客观的，你看到的是 100，别人看到的也是 100，这没有任何争议，所以量化指标是最高效的沟通方式。你可以开篇先给出 3 个左右的核心指标，不要太多，多了说明你的提炼能力不够；也不要太少，少了显得你的工作过于单薄，3 个左右刚刚好。有了这几个指标，整个汇报的基调就算定下来了。

其次，是对量化指标进行拆解。因为核心指标太过笼统，只能让领导了解总体情况是"好"还是"不好"，但是领导真正想知道的可不只有这点内容，他希望知道的是哪里好，哪里不好，更关键的是针对这些优势和劣势你将来打算如何做，因此你要对核心指标进行拆解和说明，向领导提供更详细的信息。

再次，你要讲"我做了什么"，这是关键的一点。对于完成得好的指标，你要把自己做了哪些具体工作列出来，正是因为做了一、二、三点，你才取得了今天的成绩；对于做得不好的指标，虽然结果不尽如人意，但是你仍然要本着"尽力了"的思路汇报，让领导看到你确实做了足够的努力，只是还未见成效。但是，你绝不能只停留在强调困难、解释原因的层面，而是要把每一项"没做好"都关联到后面"将来打算怎么做"的计划上。

在讲述自己做了什么的过程中要穿插案例，因为只讲数据或罗列自己做了什么，对于不了解实际情况的领导来说，短时间内很难对你的工作建立直观的认识。案例的优势在于充满细节，因此生动而具体。如果你代表团队，那就找一个团队成员的事迹，将其树立为典型，最好是能让人感动得热泪盈眶的事迹，这种案例具有冲击力，非常容易为你获得加分。如果你只代表你个人，那就得花点心思了，千万不要自吹自擂，没有人喜欢自夸的人，但是你可以夸用户，夸合作伙伴，利用他们与自己相关的事迹衬托自己。例如你是运营，可以说你要感谢某某程序员，正是因为他与你紧密配合、通宵达旦地排查问题，才保障了系统正常运行。这里虽然你夸奖的是某位程序员，但是领导肯定也知道你的辛苦和做出的贡献。案例不要多，两个就可以了，先以一个正面案例建立自己的光辉形象，再以一个负面案例结尾表现出自己对不足的深刻认识，当然，更关键的是引出"将来打算怎么做"。

既然对自己的不足有了深刻认识，接下来要做的当然就是提出你对这些不足的解决方案了，也就是你接下来打算怎么做。那么问题来了，你既然已经知道自己没做好，那之前为什么不改进？是不是你在现有条件下没有能力解决这个问题？现在没有能力解决，将来就有能力解决了吗？所以，这个时候你要借着向领导汇报的机会向他要资源。前面说的指标没达成也好，已经采取的方案不见效也好，案例的惨痛教训也好，都是在为这一步做铺垫，意思就是"这件事很重要，我已经尽力了，现在需要领导支持"。

最后，说明白自己做得怎么样、是如何做到的、哪里做得好、哪里做得不好、将来打算怎么做，以及希望领导提供什么支持，这样你的汇报就是一个完整的汇报了。当然，未必每次汇报都需要这么完整，日常汇报中可以根据情况适当简化，如果你只有1分钟时间进行汇报，那么只说希望获得什么支持即可。最后，整个汇报都要注意一点，那就是就事论事，千万不要关注个人得失，更不要带有不必要的情绪，你要坚持的原则就是，做得好都是团队的功劳，做得不好都是自己的责任。

如何让领导把话说明白

学会汇报就能做好向上管理了吗？还不行，沟通是双向的，你既要让领导听你的汇报，又要让领导给你指示。说到领导的指示，很多人会产生一个疑问，为什么领导给指示时总是不把话说明白？这是一个关键问题，如果你连领导的话都听不明白，那还谈什么执行？那么怎样才能听明白领导说的话，或者说，怎样才能让领导把话说明白？

首先需要确定的是，究竟是领导没有说清楚还是你自己没能理解清楚？问问其他同事，看看他们有没有理解，如果其他人都没有理解，那就说明领导没说清楚。如果是领导没说清楚，那么你要进一步判断是什么导致他没有把话说清楚，是意愿问题、能力问题还是认知问题？如果领导布置工作后一直催你，那么说明他还是希望把事情做好的，因此意愿方面没有问题。这样一来，剩下的就是认知问题或能力问题了。所谓认知问题，就是他根本不知道自己没把事情说清楚，如果领导给了指示你表示没听懂，他会试图从各个角度给你讲清楚，那么说明他的认知没问题，剩下的就只可能是能力问题了。对于意愿问题和认知问题，你是无能为力的，万一遇到这样的领导，那么你恐怕要早做打算、另谋出路了。但如果只是能力问题，那么你还是应该努力一下，帮助领导把话说清楚。

如何帮助领导把话说清楚？首先你要意识到自己和领导的信息是不对称的，通常，领导的信息多而你的信息少，那么他想让你听明白，就需要先把你和他所拥有的信息量拉齐到可以讨论问题的水平。但是很多人意识不到信息不对称的问题，他们天然地以为只要自己知道了别人也就理所当然地知道了，因此当别人因为信息差而疑惑时，他却怎么也意识不到这一点。面对这样的领导，你需要引导他先把信息共享出来，一旦你们的信息对称了，你自然就听懂了。

那么，如果信息对称了还是听不懂怎么办？出现这个问题可能是因为你们对目标的假设不同。例如，你认为做这个项目的目标是提升业绩，而领导的目标其实是宣传公司品牌，如果你们的目标不同，不论如何沟通，也只是鸡同鸭讲，不但说不清楚，反而会越说越糊涂，你无论如何也想不通，明明是亏本的买卖，领导为什么要这么干？而领导也会奇怪，这么简单的事，你为什么就是听不明白？面对这类问题，你需要做的是先跟领导把项目的目标明确下来，当你们明确了这个项目是为了宣传公司品牌而做，而不是为了提升业绩而做时，之后双方就可以在一个频道上对话了，此时你才能理解领导究竟在说什么。

目标统一后，接下来就是逻辑推导。理论上，假设确定之后，逻辑推导的结论是唯一的，但这只是理想情况，在实际工作中逻辑推导同样可能出问题。我们之前讲过，逻辑能力是一种高级能力，并不是所有人都受过良好的逻辑训练，大多数人的逻辑能力其实并不强，逻辑能力不足会导致他们在推导过程中出现一些逻辑错误，而这些错误需要逻辑能力更强的人去发现并纠正，此时，你之前训练的逻辑能力就可以发挥作用了。当然，在纠正领导的逻辑错误的过程中，你需要基于之前提到的沟通原则展开并使用必要的技巧，这些之前已经分享过，不再赘述。

纠正了逻辑错误、得出了正确结论后，你就能够完全理解领导的指示了吗？还是未必，因为你们仍然可能在达成这一目标的路径上存在分歧。例如，领导希望用 100 万元直接购买线上流量从而获取曝光来宣传公司品牌，但是你认为应该用这 100 万元打造一系列内容从而获得持续的流量以宣传公司品牌。此时你和领导主张的路径虽然不同，但这两条路径却并不存在明显的优劣之分，选择其中任何一条走下去，达到目标的概率可能都是相同的。怕只怕领导要往东你要往西，你们产生的合力相互抵消，最后只能原地打转，达成目标就无从谈起了。这时你可以委婉地提出自己的建议，但要谨记最终决策权在领导。如果领导在两条路径之间摇摆不定，你就需要支持他尽快做出选择，大多数时候即便选错了也比裹足不前要好。因为即便选错了，你们仍可以通过高频复盘、快速迭代来调整方向，但如果不做决策，你们就不会知道谁对谁错，那样连调整的机会都没有了。

04

当众表达：演讲

前面我们讲到了如何与同事沟通，也讲到了如何与领导沟通，这些都是一对一的沟通，与之相对应的是一对多的沟通，你在职场中的职位越高，需要进行一对多的沟通的场合就越多。如你所见，公司的高管们免不了要在各种会议上演讲，可以说演讲是你成为管理者的必备技能之一。

顾名思义，演讲包括"演"和"讲"两部分，所谓"讲"就是把你要讲的内容用口语的形式表达出来，而"演"则相对复杂一些，下面我们重点来讲一下如何"演"。

你在演讲遇到的第一个问题往往是如何克服面对观众时产生的紧张情绪，绝大多数人不习惯暴露于众目睽睽之下，因此上台当众演讲时感到紧张是再正常不过的反应，你并不需要为此而怀疑自己。好消息是想克服紧张也很简单，你只需要让自己尽量多地暴露在公众面前，从面对三五个观众开始练习，适应了之后再到十几个、几十个，最后到成百上千个。实际上，面对一百人演讲和面对一万人演讲在感受上并没有多大差异，因为多出的部分已经超出你的注意范围，你会下意识忽略他们。

演讲遇到的第二个问题，是容易"演"得太刻意，表现出来的就是做作，其根本原因是对演讲的内容不够熟悉，就像打羽毛球，在标准动作没有形成肌肉记忆之前，你的动作自然是生硬的，这在旁观者看来就是做作。演讲也是这个道理，一场精彩的演讲绝不能只靠机械地背稿子。稿子可以准备，但一定不是一字一句地背下来，而是将内容消化，之后再按照自己的理解，用自然的语言表达出来。不知道你有没有注意到，很多著名的演讲是反复进行的，演讲者在不同场合、面对不同观众时，虽然演讲的中心思想始终不变，但演讲细节却在不断变化，有时对于同一个观点会举出不同的例子，讲解观点的角度或次序也会有所调整，这正是演讲者对演讲内容融会贯通的结果。

将演讲内容融会贯通还有另一个好处，很多演讲结束之后会有问答环节，只有对内容融会贯通了，你才能应对这些即兴问题。虽然是即兴问题，但其实也未必真的那么"即兴"，因为你在准备演讲的过程中可以尽可能地设想出观众可能会提出的问题，并提前准备答案。你可以把自己设想好的问题记录下来形成问题列表，然后参考问题列表思考答案并一一确定回答思路。虽然你不可能设想出所有具体问题，却可以设想出所有的问题大类，而这个不断"自问自答"的过程，正是通向融会贯通的最优路径。当你再也想不出更多问题时，基本就达到融会贯通了。这时你会发现自己的紧张情绪不见了，取而代之的是跃跃欲试的兴奋感，你已经迫不及待地想在大家面前一展身手，这是一个非常积极的信号。如果演讲是一场运动，那么自问自答环节就相当于运动前的热身活动，当你达到了兴奋状态，就可以开始自己的表演了。

但是，兴奋之余也不能放松警惕，无论你在演讲前准备得多么充分，都有可能在演讲中遇到突发情况，所以你的心里要一直绷着一根弦，随时准备应对突发情况。如果你仔细观察那些演讲家们的演讲，你会发现在很多时候，他们处理突发情况的方法堪称艺术，大方得体、妙语连珠，有时甚至盖过了演讲内容本身的魅力。你会叹服于他们随机应变的能力，以及处变不惊的风度。为什么他们能做到而你不行？答案很简单，因为你没经历过那些场面，所以就不可能在开始前做出相应的应急预案。而演讲家们之所以能应对自如，是因为他们在成百上千次的演讲中早已遇到过类似的状况，而且很可能不止一次，所以他们心里对这些突发情况早就有了预案，突发情况出现时只需把早就准备好的预案付诸实施即可。如果你没有足够多的机会进行演讲实战，可以多看看别人的演讲，学习他们处理突发情况的"套路"，并根据自己的风格挑选几个备用"套路"，作为你遇到突发情况时的预案。遇到的突发情况越多，你应对起来就越熟练，随着经验的不断积累，你渐渐也会形成自己独特的台风。

以上讲到的都是技术，其实演讲还可以被上升为艺术，当你的演讲充满感染力并足以让听众与你产生极大的共鸣时，它也就成了艺术。那么如何才能让你的演讲富有感染力？在把演讲内容融会贯通之后，你需要让自己的情绪随着演讲的推进自然释放，如此一来，情绪与你的演讲内容交相辉映，就产生了感染力。感染力的基础是人类共情的本能，就像一个人打哈欠，周围的人也会不由自主地跟着打哈欠一样，当你自己的情绪被调动起来后，周围人的情绪也会随之被调动起来，你不用担心他们不会被感染，只要你自己的情绪被充分释放，共情的本能自然可以让你的听众受到感染。

演讲可谓最高效的沟通方式，因为它不但可以让你与成百上千的听众同时沟通，而且可以让你与他们进行精神层面的深度交流，如此宝贵的技能你怎能错过？当你获得了演讲这个终极技能之后，你的沟通工具箱就完备了。

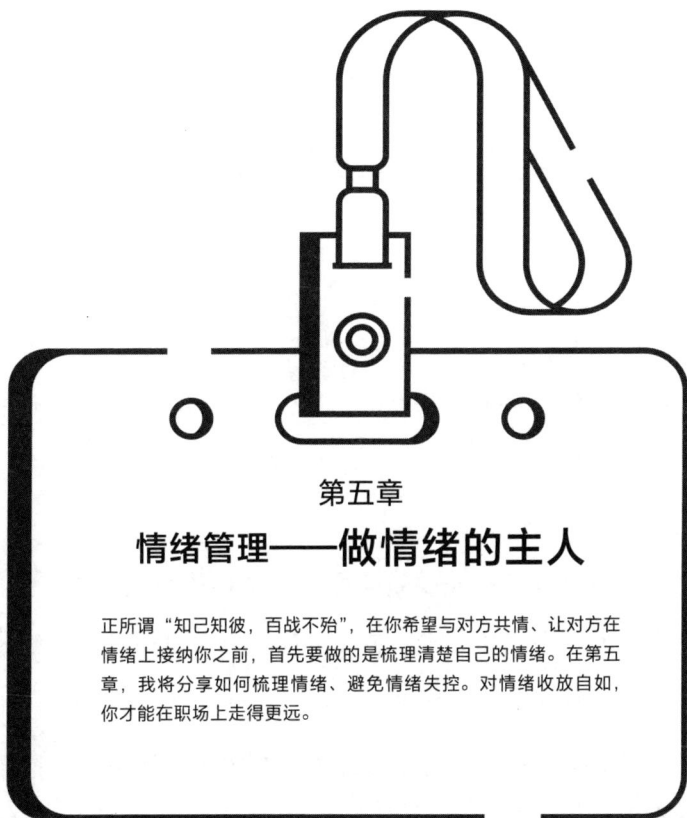

第五章

情绪管理——做情绪的主人

正所谓"知己知彼，百战不殆"，在你希望与对方共情、让对方在
情绪上接纳你之前，首先要做的是梳理清楚自己的情绪。在第五
章，我将分享如何梳理情绪、避免情绪失控。对情绪收放自如，
你才能在职场上走得更远。

01

自知者明：如何控制自己的情绪

有人曾经问我，工作压力太大，内心压抑，有时会控制不住情绪，该怎么办。

在处理情绪之前，你先要追问自己，这种情绪是如何产生的。是不是因为看到了什么事、听说了什么事、想到了什么事？看到、听说、想到之后你肯定会把注意力集中在这些事上，即便你不愿意这样，这些事也会在你的脑海中挥之不去。而且你还总是会往坏处想，例如，会不会因为项目没做好而失业，别人会不会因为看到了自己的失误而瞧不起自己，工作这么不顺利会不会永远都无法好转了……结果越想越失落，最后觉得自己的人生没有希望了，可即便如此你还是心有不甘，仍然想让自己好起来，于是就产生了压抑的情绪。其实所有人产生情绪的过程都是类似的，首先有外界事物对你产生了刺激，然后你注意到了这个刺激，如果你不去控制自己的注意力任由它自行游走，它就会自然而然地关注欲望，而当你认为自己的欲望不能被满足时，也就产生了情绪。通常是哪些欲望不能被满足？首先是求生欲，例如担心被开除进而失去生活来源；其次是虚荣心，例如担心被别人瞧不起以至于抬不起头。如果你仔细分析一下导致自己产生情绪的欲望，会发现其实大体上只有这两类。

既然找到了产生情绪的原因，那么接下来想处理情绪就很简单了，只需要把注意力从求生欲和虚荣心转移到其他方面。例如，担心业绩没做好可能被开除，但担心是于事无补的，不如把注意力转移到如何把业绩做上去，亡羊补牢，为时未晚。人的注意力是有限的，同时关注的东西不能太多，如果你用它关注了求生欲，那就只能让自己提心吊胆地只顾着担心饭碗，这样一来业绩反而会变得更差，这就是俗话说的"怕什么来什么"。当你把注意力转移到做业绩上，这种担心自然就会被抛诸脑后，专心把业绩做上去，自然就不需要再担心会失业，这才是治标又治本的方法。

上文讲了产生情绪后的应对之法，但"凡事预则立，不预则废"，你不能只是被动地等情绪来了再去处理它，而是要防患于未然。这要求你预测事情的发展方向，根据现有条件去设想事情未来的几种结局，并设想出在最差结局下自己的应对方案。当你把自己置身于场景之中，身临其境地对未来进行预测时，你的情绪自然而然也会在场景中得到预演，万一有一天，某个局面真的发生了，如果它并没有超出你的预设，你自然就可以做到处变不惊。

当然，在绝大多数情况下，当你能够预测到最差局面时，最差局面大概不会发生。

02
立于不败：如何拥有强大的内心

很多人问过我一个问题，在职场上，自己总是"想做事则患得患失，遇上事则进退失据"，怎样才能让自己的内心强大起来？我的答案是改掉这两点，变成"尽人事听天命，不惹事不怕事"，内心自然就强大了。

要想做到这两点，首先要在做事之前明确目标，然后把你的注意力全部集中在这个目标上，对目标之外的干扰置之不理。目标少了，欲望也就少了；欲望少了，自然就不会患得患失了。例如，别人上班都在"摸鱼"，你却想努力工作提升自己，但是自己拼命做业绩又怕同事说你不合群，怎么办？这时你要问自己，你的目标是什么？是提升自己还是让同事觉得你合群？当然是前者。既然合群不是你的目标，那就不要去管别人怎么说，只管做好业绩、提升自己就好。当然，哪怕只有一个目标，你仍然可能因为担心目标无法实现而患得患失。例如，想努力工作，但又担心如果业绩不好，岂不是证明自己能力低下？你之所以有这样的顾虑，是因为你还没有想清楚自己的长远目标。只盯着眼前的小目标你才会患得患失。怎样才能想清楚自己的长远目标？你可以这样追问自己：把业绩做好是为了什么？为了升职。升职是为了什么？为了赚钱。赚钱是为了什么？为了生活。生活是为了什么？是为了去探索世界的奇妙从而满足自己的好奇心。这个目标看起来是不是就比赚钱要远大多了？那么接下来你会问如何探索世界？回答是通过学习与实践。如果能通过学习与实践做好业绩，这本身就是探索世界了。绕了一大圈，你似乎又回到了"起点"，但不同的是，当你把做业绩当作"探索世界"的一部分去努力时，你会更加从容，因为你的远期目标把近期目标降维了，你会这么想，做好业绩赚到钱之后还是会通过学习与实践来探索世界，而现在自己已经在做这件事，那又何必着急？如此一来，还会再患得患失吗？

其次是"不惹事不怕事"，其中"不惹事"比较容易，只要谨言慎行，绝大部分麻烦就可以避免。重点是"不怕事"，怎么做才能不怕事？古语云"凡事预则立，不预则废"。也就是说，在事情发生之前，自己就要在心里设想各种可能出现的状况，并为每一种状况提前做好预案。如果事情太复杂，还要借助工具来做推演。例如，上文中分享过的思维导图，就很适合做推演的工具。在推演的过程中，你需要不断地追问自己"如果发生了某种状况，我要如何应对"。当事情真的发生时，你的预案对此已有应对措施，你自然就"不怕事"了。

一个目标明确并且对未来有充分准备的人，内心怎么能不强大呢？

03

收放自如：让情绪为我所用

很多人会把控制情绪理解为"不发火"，甚至认为表达愤怒是"没修养"的表现。为了澄清这个误解，我们先来看看所谓的修养是什么？一个三岁小孩遇到了不顺心的事，被情绪影响后开始满地打滚，但是长大之后你还会满地打滚吗？当然不会，因为你有了理性，可以通过理性控制自己的行为，而不是像小时候那样任凭情绪摆布。所谓有修养的人，就是那些可以用理性控制情绪的人，他们是情绪的主人，他们可以控制情绪而不是反过来被情绪控制。那么有修养的人就一定不会发火吗？当然不是，对于他们来说，发火是一种手段，如果发火不能解决问题，那么他们就不会发火；而一旦发火可以解决问题，那他们就会发火。发火只是他们用来解决问题的一件工具而已。

那该如何判断是否应该发火呢？在发火之前你仍然需要想清楚自己的目的，自己想要的究竟是什么。例如，讨论问题时你的方案被别人反对了，你的直接反应可能就是发火，但这时先别急着发火，冷静下来想一想，自己讨论问题的目的是什么？你的目的是得到问题的解决方案并按照方案把问题解决掉，从而获得收益，在这个目的面前，其他的干扰因素都无足轻重。所以，如果对方反对你只是因为要给你一个更好的解决方案，那么他和你的目的就是一致的，你只需要思考他的方案是不是更好，如果更好，那你的目的不就达到了？既然目的达到了，又有什么可发火的？可如果对方反对你只是为了显示他自己的权威，并没有给出一个切实可行的解决方案，那么他和你的目的就是矛盾的，此时不发火又更待何时？这时你对他发火甚至与他无关，你只是为了把所有人的目的重新拉回到解决问题上，这时你的反击就是有意义的。当你能目的明确地通过理性来控制情绪时，别人就只剩下两种选择，理性的人会与你齐心协力、合作共赢，不理性的人就只能沦为被你降维打击的对象。

什么是好管理者

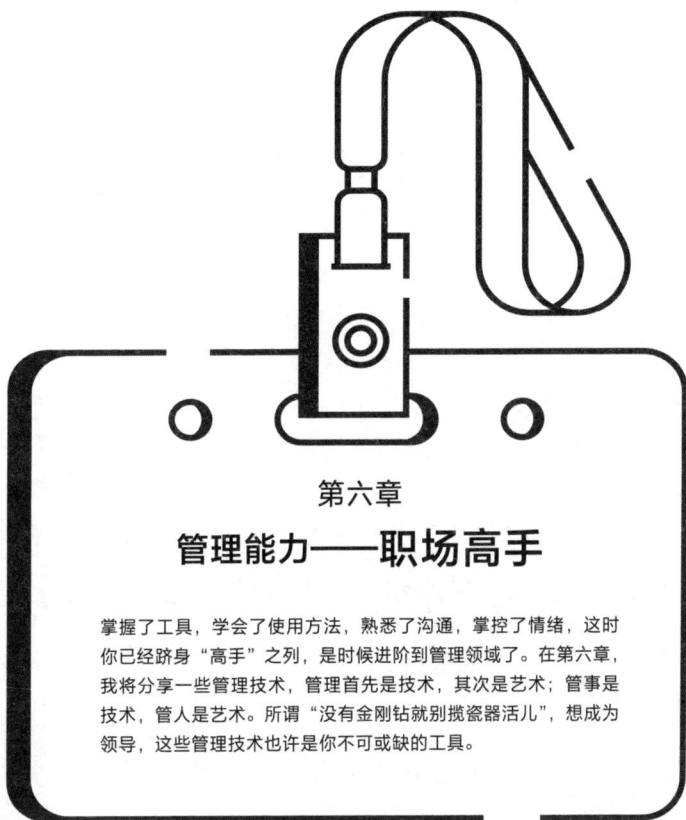

第六章

管理能力——职场高手

掌握了工具，学会了使用方法，熟悉了沟通，掌控了情绪，这时你已经跻身"高手"之列，是时候进阶到管理领域了。在第六章，我将分享一些管理技术，管理首先是技术，其次是艺术；管事是技术，管人是艺术。所谓"没有金刚钻就别揽瓷器活儿"，想成为领导，这些管理技术也许是你不可或缺的工具。

01

高阶技能：管理

管理者是做什么的

我曾不止一次被问到这样一个问题，为什么那些被大家认为能力最强的人无法成为管理者，而那些没做什么的人却能成为管理者？其实这个问题汉高祖刘邦早就已经回答过，他是怎么说的呢？

"夫运筹策帷帐之中，决胜千里之外，吾不如子房；镇国家，抚百姓，给馈饷，不绝粮道，吾不如萧何；连百万之众，战必胜，攻必取，吾不如韩信。此三者，皆人杰也，吾能用之，此吾所以取天下也。"

看了刘邦的这番话，你是不是有些迷惑，明明张良、萧何、韩信三人的个人能力那么强，为什么他们还会愿意忠心耿耿地跟着刘邦打天下？他们并不是没有机会自立门户，张良是几经辗转最后主动选择来到刘邦帐下的；萧何在刘邦与项羽僵持不下时自己在后方独揽大权，他怕刘邦起疑心，宁可贪污自毁清白，也要扶持刘邦；韩信拥兵自重，要做假齐王，结果被刘邦封了个真齐王，当了真齐王之后还是跟着刘邦作战，灭了项羽。如果刘邦真的像他自己说的那样一无是处，这三位人杰的行为就说不通了。所以，最大的可能就是，刘邦才是他们当中最有能力的那个人，其他人皆对他心悦诚服。

为什么那么多人总认为真正的管理者没做什么，而"公认"能力最强的人却做不了管理者？问题就出在这个"公认"上，也就是大家对管理者这个概念的定义仍存在误解。他们认为管理者应该是张良、萧何、韩信那样的人，而实际上管理者却恰恰是刘邦那样的人。刘邦是什么样的人？他作为管理者，是整个团队的代表，团队取得的成绩的总和就是他的成绩，这里面当然也包括张良、萧何、韩信所取得的成绩。在职场上什么叫能力强？所谓能力是要拿成绩说话的，成绩好就是能力强，例如，一个团队的销售额达到 1 亿元，而团队中的销售冠军一个人就贡献了 2 000 万元，那么这位销售冠军 2 000 万元的业绩和管理者 1 亿元的业绩比谁的更好？有人可能会说，具体订单都是销售人员签的，管理者一单都没签，凭什么功劳全归管理者？因为管理者是"搭台"的人，而销售人员是"唱戏"的人，你虽然只看到了唱戏，但没了舞台大家去哪唱？

现在你可能产生了新的疑惑，就算客观分析后，认为确实是管理者的能力强，那为什么主观感受与客观分析不一致？首先是因为一个合格的管理者所追求的是成绩，那些夸奖对他们来说没有意义，越大的管理者越是聚焦于成绩，越不在乎别人的评价。真有一天你自己成了管理者，你就会明白，业绩压力实实在在地摆在那里，你哪有多余的精力在乎别人怎么说，保住业绩才是最重要的，没有业绩说什么都没用。不管黑猫白猫，抓到耗子才是好猫。既然管理者本人没有被夸奖的需求，自然也不会有人去夸奖他们；没人夸奖管理者，时间久了，大家可能就不会觉得管理者的能力强。

其次，管理者要充分激发下属的主观能动性，因此要用夸奖来激励下属。而且不但管理者自己要夸奖下属，还要鼓励下属之间互相夸奖。另外，管理者的夸奖还可以帮助下属在团队中树立威信，因此才有刘邦夸奖汉初"三杰"的那番话，这番话就是在帮助他们树立威信。所以下属做得好，管理者会夸奖他们，甚至发动其他人不遗余力地对其大加赞赏，这种大力夸奖与管理者本身的无人夸奖一对比，自然就显得下属的能力更强了。

再次，我们的传统观念中，其实对"夸奖"管理者这件事存在争议。因为你去夸奖管理者，一不小心就会被认为是在"拍马屁"，人言可畏，所以很多人是从不夸奖管理者的。你可以注意观察一下周围夸奖管理者的几个人，是不是成了众矢之的，变成了大家眼中的"马屁精"？之前我们讲到了如何夸奖，你可以用这些方法夸奖下属或夸奖同级，但就是不能夸奖管理者。于是其他人都有人夸，唯独管理者没人夸，相比之下，是不是就又显得管理者没能力了？

而且，管理者的主要职责不是处理具体事务，而是"搭台子"，台子搭好了再找人来"唱戏"。大家看戏看的都是台子上的演员唱得好不好，很少有人会关注台子搭得好不好。所谓内行看门道，外行看热闹，大家要夸也是夸唱戏的人，而搭台子的人做得怎么样，则鲜有人关心。

最后，下属要向管理者汇报，让管理者知道自己在做什么，但是管理者却不会向下属汇报，这也导致一些人有所误解，认为管理者就是负责开开会、动动嘴，实事一点都不干。这其实又属于认知问题，没当过管理者的人或许会这样思考，在市场机制下，价格始终会围绕价值波动，工资高的人通常是价值被市场认可的人，这种价值对应的是能力。不能否认存在能力强但还没有成为管理者的人，毕竟价格匹配价值需要一个过程，但是长期来看，能力强的人基本都会成为管理者，当然这种能力不是"大家公认"的能力，而是市场认可的能力。市场认可的是什么能力？不是某个单一方面的能力，而是方方面面的综合能力，只有具备综合能力，才能把台子搭好，让团队在台上把戏唱好。所以，管理者是搭台子的，而不是唱戏的。

初任管理者遇到的第一个问题

初为管理者，你十有八九会遇到不服从自己管理的下属，他们话里话外总是透着"你凭什么管我"这样的质问。这恐怕是每一位新手管理者都要面对的问题，当然也是他们管理者的生涯遇到的第一个问题，那么要如何应对？

首先应弄清楚作为管理者，你的权力来自哪里？在公司里，管理者并不是由员工选举产生的，而是由公司任命的，因此你的权力来自公司，这种授权其实是公司老板将其个人的部分权力下放，因此理论上你只需要对公司和老板负责，不必受下属的影响。当面对下属质问时，你要回复的是"这是公司的安排，你留下就要服从，当然你也可以选择离开"。看上去是不是有些强硬，你会不会觉得这句话说得太刺耳而有些于心不忍？

你之所以会有这样的想法，是因为你还没弄清楚，你的权力不是白来的，而是有代价的，代价是什么？根据"责权利"[1]匹配原则，若你被赋予了一定权力，必然也同时承担了相应的责任，履行了责任后你会获得相应的利益，没有履行责任就要承受相应的损失。做管理者就相当于自己从公司承包了一块业务，自负盈亏。自负盈亏有什么可沾沾自喜的吗？其实你还是在玩同样的游戏，只是这个游戏的筹码更大了，是原来的几倍。你必须全力以赴地对待这个游戏，不能像之前那样得过且过。你的团队里任何没有全力以赴的人，实质上都是在挡大家的财路，甚至是在绝大家的后路，眼看着别人阻止自己和团队赚钱，你还会于心不忍吗？这种事情没有什么脸面可讲，既然他不仁，当然也不能怪你不义，该批评就批评，该降级就降级，再不行就开除，为了自己和团队的利益，你别无选择。如此说来，你是不是就觉得可以义正辞严地发号施令了？

可是真的轮到你发号施令的时候，你是否又会感到有些不安，是否还不习惯自己做决策，依然抱有别人可以帮助自己做决策这种"等靠要"的幻想？接下来，你要做的就是断了这种不切实际的幻想，要怎么做？你要想清楚一个问题，团队里有这么

---

1 责权利是责任、权力、利益的简称。——编者注

多人，为什么只能由你来做决策？答案很简单，因为你才是坐在赌桌上的那个人，其他人再积极、再有想法，输了都不会承担责任，他们也承担不起责任，最后承担责任的还是你。因此如果团队里再有人不服从你的决策，非要一意孤行，你就要清楚地告诉对方，"你没有这个资格，如果错了责任是我的，而不是你的，等你什么时候能担得起这份责任了，再考虑做决策吧"。

不过道理归道理，道理可以让人口服，但不一定让人心服，如果下属阳奉阴违怎么办？因此你还需要让大家心悦诚服。如何让他们心服？当然还是用业绩，将军的威信从来都是打胜仗打出来的，打不了胜仗，就算白起、韩信再世也没有用。所以做管理者一定要明确自己工作的优先级，一切向业绩看，有了业绩，很多问题就不是问题了。

当然，出业绩需要一定周期，这之前靠什么树立威信？答案是逻辑。当出现一个复杂的问题时，若你能分解它，逐层下钻，下钻到底层找到解决方案，用不了几次团队成员就会心服口服，而这种机会在工作中比比皆是，只要利用好，你的威信很快就可以树立起来。

也许有人会问，如果一切手段都用了，还是有人不听话，该怎么办？睁一只眼闭一只眼吗？当然不行，你必须采取行动，否则一条臭鱼就会坏了一锅汤。怎么对付"臭鱼"？要赏罚分明、恩威并施，这些大道理可不是说说而已，这些都是你的权柄所在。你能影响下属的无非两点——利益和情绪。利益是较大的权柄，但不论赏还是罚，都需要一个周期，短则一个月、长则一年，毕竟大多数公司都是按月发工资、按年发奖金的，因此绩效虽然有效，但在日常工作中却总是滞后的，这也就是为什么在赏罚分明之外还要恩威并施。通过情绪影响下属，在很多时候可以即时解决眼前的问题。所谓情绪，无非是喜怒，做得好的，管理者要兴高采烈地表扬；做得差的，管理者要怒气冲冲地批评，但是要保证就事论事，不能进行人身攻击，否则批评就变得没有道理了。这一点在"收放自如：让情绪为我所用"那一节已经讲过。

管理者如何"立威"

说到"恩威并施"，很多人恐怕又要问，"施恩"好说，做好激励即可，但是自己不会做"恶人"，没办法"立威"怎么办？同样的问题，子路也问过孔子，孔子的回答是"必也正名"——这是唯一的标准答案。

没做过管理的人，可能会想当然地把孔子说的"名"理解为"名分"，也就是自己的官衔，按照他们这个说法，只要给一个官衔，不管是谁都可以当管理者，这可能吗？当然不可能，如果管理者这么好当，那世界上就不会有那么多人做不好管理者了。这些人的问题出在哪里？问题就在于他们对"名"的理解太过幼稚，其实所谓的"名"，按照我的理解，是指概念而不是指名分。孔子在提到"必也正名"之后，又详细阐明了他对"名"的理解，他说"名不正则言不顺，言不顺则事不成，事不成则礼乐不兴，礼乐不兴则刑罚不中，刑罚不中则民无所措手足"，名是名正言顺的名，是用来进行语言沟通的，语言表意的最小单位是概念，结合上下文，我认为把"名"解释为"概念"更合适。所以，在我看来，孔子这段话的意思是新到一个管理者岗位，最重要的是和团队拉齐概念，统一认知。

要拉齐什么概念？第一个概念是"目标"。目标包括 10 年以上的大目标，我们称之为愿景；未来三五年的目标，我们称之为阶段性目标；今年的目标，我们称之为年度预算；本月的目标，我们称之为月度业绩指标；以及本周的目标，我们称之为周工作计划；甚至近一两天的目标，我们称之为计划拆解。当然，把目标规划到什么程度，取决于你是什么层级的管理者，对董事长这个级别的管理者来说，最远大的目标被称为使命，这是董事长根据自身价值观生成的终极目标，也是他认为自己应该用毕生时间去追求的人生目标。使命通常比较抽象，因此他还需要给出一个具象化的长远目标，这个长远目标就是愿景，也就是公司 10 年之后要做成什么样子。确定愿景之后，董事长就完成了他的职责，之后就轮到 CEO 等负责拟定实现愿景的阶段性目标，以及根据阶段性目标来制定当年的年度预算。再之后就是总监、经理等把年度预算一层层地拆解下去，落实到各自的部门，并形成与之匹配的具体工作计划，确保预算可以被保质保量地达成。制定目标的过程中，不论你是什么层级的管理者，都要牢牢记住一条，那就是"没有调查就没有发言权"，你需要去走访、调研、访谈，必须自己拿到一手资料，否则当有人质疑你的预算的合理性时，只要问一句"你了解具体业务是怎么做的吗"，你就会被问得哑口无言。如果你对该怎么做具体业务还没有概念，那么你做的预算又能有多大的合理性？

使命、愿景、阶段性目标、年度预算、工作计划的总和，就是战略规划。在战略规划中，除了使命是定性描述，从愿景开始的所有目标都要进行量化，这些量化后的目标就是你用来拉齐概念的大框架，只要维持在这个大框架之内，大家的认知就不会出现大的偏差。作为管理者，你需要在这个框架中找到自己所负责的部分，然后再把你的指标拆解到团队中的每一个人身上，当所有人都在框架中找到了自己的指标后，事情就简单多了。他们只需要去达成自己的指标，完成的获得奖励，完不成的接受处罚。但不论奖励还是处罚，都应是事先约定好的，这样实施起来才是公事公办，大家才不会有怨言。而对于管理者来说，如果指标都达成了，那么管理者的业绩自然也就达成了；指标达不成，管理者就要承担责任，那些没达成指标的人也要承担责任，于是大家被绑在一起，拧成了一股绳，自然齐心协力达成目标，如此一来，你的威信也就有了基本保障。

让每个人都有明确的量化指标是不是就万事大吉了？并不是，因为很多东西是不可量化的，例如，你是鼓励效率还是鼓励加班，鼓励稳健还是鼓励创造，鼓励个人英雄主义还是鼓励集体主义……这些观点没有对错，只看是否适合当前环境，所以在面对这些问题前你仍旧需要拉齐认知，否则团队就没有办法凝聚在一起。但是，拉齐这些认知需要一个相当漫长的过程，你需要在日常沟通及月末年终等节点上潜移默化地影响团队，最后通过不断积累和迭代去挖掘团队各成员价值观的最大公约数，而这就是你的团队文化。当这种文化定型时，你就不再只是管理者，而会升格为领导者，那时你根本不再需要考虑"立威"的问题，因为那对你来说已经太低级，你需要做的只是不断更新自己的价值观，为团队做出表率。

进阶为一名优秀的管理者

作为管理者，要怎样做才能成为团队的表率？所谓打铁还需自身硬，管理者想要服众，自己没有本事是万万不行的，一名优秀的管理者至少要在以下几个方面表现出远超常人的素质。

首先，优秀的管理者必须具备强悍的逻辑能力，可以把一个大问题拆解成几个子问题，这些子问题之间彼此不重叠，也没有遗漏，子问题之间须分类均衡。例如，老板提出一个关于"小目标"的问题，今年的利润怎么才能做到1亿元？逻辑强的人首先会将之分为内部因素和外部因素两个子问题，内部因素又可以分为人和事两个子问题，事又可以分为收入和成本两个子问题，然后为每个子问题列出具体任务，这些任务都完成了，这个子问题也就解决了。只有当你能分析清楚问题，才能着手去解决问题，否则如果管理者自己连问题都没想清楚，又何谈管理团队？

其次，优秀的管理者必须具备强大的沟通能力，能通过逻辑分析清楚问题，这只是作为管理者最基本的要求，能让别人接受你的分析才是关键。毕竟管理者要依靠团队作战，逻辑能力不足，沟通肯定会有问题，但是逻辑能力强，沟通就一定没问题吗？倒也未必，有些人每句话说得都合乎逻辑，但就是非常令人反感，大家为什么反感他？原因我们之前讲过，沟通最大的难点并不在于把事情说清楚。而在于把对方的情绪梳理清楚，所谓"气儿顺，事儿顺"。关于沟通，我们在前面已经讲了很多，这里不再赘述。

优秀的管理者的目标一定要清晰，并且要与老板的目标保持一致，团队最忌讳的就是各自为战，如果团队中一群人向东，另一群人向西，最后的结果就是进度停滞不前。团队的大目标是老板定的，谁都希望身边的人和自己一条心，作为管理者，你应该也深有体会，因此，就算你有自己的小目标，也要想办法与老板的大目标相匹配，从而实现共赢。例如，你是销售负责人，但你认为运营更符合自己的职业发展方向，以后想去负责运营，那么现在要怎么办？不管销售业绩转而钻研运营吗？当然不行，本职工作做不好，你的老板一定对你不客气。但是你可以针对自己的业绩目标去做一些运营工作。例如，你可以用我们之前讲过的数据分析方法去做一些分析，比如分析后，你发现电销转化这个漏斗有问题，然后进一步分析，你又发现中午进件高峰时期转化率过低，再经过案例分析、现场观察和面对面访谈，你终于发现这是由于中午的排班人少导致的。于是你把这个问题解决了，转化率也随之提升了，如此一来，你既达成了销售业绩，又锻炼了运营能力，又和老板实现了共赢，可谓一举三得。有了这些经验，将来你想转做运营的时候，难道老板会不同意吗？

优秀的管理者一定是自我驱动的，要做到"不用扬鞭自奋蹄"。我们前面讲到，作为下属该如何才能让老板省心？最好的方式是在老板给你安排工作之前，就主动想到该做什么，提前做了而且还做好了。

优秀的管理者一定都有自己稳定的价值观，公司有公司的品牌价值，个人也有个人的品牌价值，而你做的所有事，最终都会沉淀在个人品牌上。价值观是你最长远的利益所在，不要为了任何利益而违背你的价值观，因为那样是对个人品牌最大的伤害。例如，有的人以为公款吃喝没人知道，自己占了便宜，可是财务部门的费用分析工具不是摆设。贪小便宜终有一天吃大亏。

最后，本质上所有的问题都是认知问题，什么是认知问题？就是不知道自己不知道。如果你的认知存在问题，那么你给别人的感觉就是和别人不在一个频道。例如，几个人去看一座青铜雕塑，别人欣赏的是造型、铭文、艺术价值，而你关心的是这些铜值多少钱……你在工作中也会经常遇到存在认知问题的人，比如线下销售人员抱怨电销人员给的订单质量不行，电销人员说市场人员给的线索质量不好，市场人员说数据预算不够……可问题是，如果所有资源都绝对充足，那还需要员工吗？因此很多时候，大家提的都是"何不食肉糜"一类的问题，只盯着自己的一亩三分地，一味"甩锅"给别人，这样能解决问题吗？公司需要的是那些能跳出自己"小山头"、站在公司"大山头"解决问题的管理者，只有站在公司的高度，你才能充分利用有限的资源，高效推动整个公司前进。如果你只看到自己，那么你只能做一名员工；如果你能看到一个部门，那么你可以做一名经理；如果你看到的是一个职能，那么你可以做一名总监；如果你看到的是一条业务线，那么你可以做一名副总裁；只有当你眼里看到的是整个公司时，你才有资格去做一名合伙人。

02

管理进阶：三个疑难杂症

如何处理"摸鱼"问题

很多管理者都问过我一个令他们头痛不已的问题，那就是应该如何处理团队里的"摸鱼"现象。说到"摸鱼"，其实它并不是今天才有，而是由来已久。小时候你有没有好奇，像苏轼、欧阳修这样的高级官员难道不忙吗，为什么有时间去作那么多诗？就算这两位比较清闲，那像王安石这种一心改革的人，总应该忙了吧？但是他的文集和诗集也出了不少。如果说这些"打工人"工作不投入，那皇帝总该对自家的买卖上心吧？可号称勤奋的雍正皇帝也有功夫写《大义觉迷录》和别人辩论，看起来工作还是不饱和。

外国也一样有人"摸鱼"。我曾经在荷兰阿斯麦尔（ASML）公司总部做算法工作，那时周围有来自各个国家的同事，大家没事就是喝喝咖啡、聊聊天，或者开个会讨论讨论，每天日子过得很惬意，当时我还以为大概是因为发达国家的企业利润丰厚，所以员工不用拼命工作。回国之后，我找了一份当时公认最忙的工作——咨询，这可是被称为拿命换钱的工作，我心想这回我总该忙了。这回还真是开始加班了，但加班时间都在晚上，白天经常无所事事，为什么？因为客户永远都在临下班时给你提供数据，而且还不会一次到位，总像挤牙膏一样每天提供一点，这一点就只够你加班一个晚上，然后第二天白天又无事可做。当时的客户主要是大企业，经过一段时间的观察，我发现给我提供数据的人绝大部分时间也在闲着，因为他们也在等别人提供数据。不过我也观察到另一个现象，组里的几位高级顾问，每天忙前忙后，看起来工作做得风风火火，我很好奇，大家手头都没有数据，为什么别人看起来很忙？出于好奇，我暗中观察并虚心请教，后来终于弄明白了他们在忙什么。在一天的工作中，他们大概有90%的时间穿梭于客户之间，做着同一件事，那就是"聊天"。不只是聊工作，而是天南海北的什么都聊，其中与工作内容相关的估计不到10%。这一发现拯救了我，由于实在无聊，我也硬着头皮打着访谈的幌子开始和客户聊天，聊到什么程度呢？他们公司内部组织的球赛都要拉上我参加，甚至有一位比较聊得来的部门经理还会在工作不顺心时来找我吐槽，我一度怀疑自己做的是心理咨询。这应该毫无疑问就是"摸鱼"吧，可就是这个"摸鱼"，居然让我获得了客户的交口称赞，甚至还有人私下给我当时的管理者发短信表扬我，最后那个项目还成为此类项目的标杆。

后来工作得久了，经历的企业也多了，我发现每个公司其实都存在"摸鱼"现象，至少他们和"忙"不沾边。但我是一个闲不住的人，还是觉得这些公司的效率太低以至于有些浪费生命，于是便自己出来创业，心想这回白手起家，该忙起来了吧？这次确实没让我失望，足足有半年时间是真的忙，只不过忙的内容还是"聊天"，这次是在面试中与各种候选人聊。半年之后，等团队核心稳定了，业务框架和数据框架也搭好了，我又开始闲得无聊了……

经历了从国外到国内的各种公司，做过了从下到上的各种岗位，我终于明白了为什么古人有那么多时间"摸鱼"，因为办公室的劳动是脑力劳动，而脑力劳动本就是这样的节奏。公司对脑力劳动的需求本没有那么大，大多数脑力劳动者在大多数时间里就是没有活干，既然没活干，他们不"摸鱼"还能做什么？你也不用不好意思承认，我自认为是闲不住的人，可即便如此，我也不得不承认，我在绝大部分工作中都比较闲。于是又有人要问了，既然大家都这么闲，那为什么公司还需要那么多人？主要原因是，虽然大家每天有 8 小时坐在办公室，但有效工作时间却很短，这不是想不想一直工作的问题，而是人脑的运行机制不允许，人均工作有效时长短，需要的人数自然就多，这样有效工作时长的总量才能上去。再者，现在的工作分工很细，就算你有闲暇时间，很多非本职工作你也做不了。例如，让财务人员去编程，或者让程序员去做内容运营，都是不可能的，因此就算有人闲着，为了保证职能的有效运转，岗位上也要有人才行。另外，沟通确实占据了绝大部分时间，让人分身乏术，当然还有工作峰值谷值的因素、权责分离的因素等。每一个因素都会造成公司人力更冗余，但是没有这些冗余，公司就无法正常运转。谁能承受得了一个公司三天两头因为岗位缺人而导致的崩溃呢？所以在现有工作机制下，"摸鱼"是必然的，就算那些互联网公司，又有几个能说自己的员工中无人"摸鱼"？

作为管理者，你要如何处理"摸鱼"？其实在我的团队里，我是允许大家"摸鱼"的，不但允许，而且鼓励大家"摸鱼"。但是"摸鱼"也要讲究方法，打游戏、看视频就太浪费生命了，我会鼓励大家做两件事，一是多琢磨，二是多沟通。所谓琢磨是琢磨什么？琢磨业务，琢磨自己的职业生涯，我甚至让团队成员每半年更新一次自己的简历，哪怕把简历发出去我也不会计较。要知道员工的能力就是公司的能力，任何一个公司最值钱的永远都是人。有人会担心，难道你就不怕他们成长之后跳槽吗？该跳槽的总会跳槽，一味严防死守，最后也只会落得个"强扭的瓜不甜"，与其如此，倒不如让他们成长之后再跳槽，那样公司也不亏。所谓沟通是沟通什么？我们之前讲了聊天，沟通在这里就体现为聊天，聊什么都行，并不一定非得跟业务相关，上到国际大赛、下到孩子上学，你可以广泛地聊。有人可能又会疑惑了，这么闲聊难道不怕浪费时间吗？所谓磨刀不误砍柴工，团队成员彼此聊得熟悉了，就会成为朋友，朋友之间的合作效率岂是同事之间可比的？因此总体来看，这不但不是浪费时间，反而是节约了沟通成本。如果你在一个团队里既可以成长，又有很多聊得来的朋友，那你还愿意跳槽离开吗？如果既可以让员工的能力得到提升又能保证员工的稳定性，那由此带来的收益和节约的成本，岂是"摸鱼"浪费的那点时间可比的？

追求"996"的管理者是不合格的管理者

说完"摸鱼"接下来就该说"996"了，这应该又是一个很让人费解的问题。既然大家闲得去"摸鱼"了，为什么还会有那么多公司"996"呢？甚至很多公司就是一边在"摸鱼"一边在"996"，更有甚者是在"996"地加班"摸鱼"，这难道不是自相矛盾吗？

要想解释这个问题，我们就不得不了解出现 "996" 的原因。其实很多时候，公司之所以要求 "996"，并不是因为真有那么多工作需要加班完成，而是因为很多管理者存在一种错误的认知，他们误以为员工的精力是无限的，延长工作时间不会导致效率衰减，或者说虽然效率衰减，但效率乘以时长得出的产出会增加。然而这种认知与事实截然相反，人在一天之内的精力是有限的，用完之后需要一个恢复周期，一个人全力工作 8 小时之后，精力已经消耗殆尽，在第 9 小时效率会出现断崖式下跌，更何况如前所述，脑力劳动者的大脑根本没有能力满负荷工作 8 小时，通常高负荷工作三四个小时就要宕机了。一周之内也是如此，如果大脑没有得到足够的休息，人的精力根本无法恢复，在这种情况下延长工作时长，会使员工效率变得极其低下。换句话说，出现 "996" 的原因是管理者没有意识到团队精力的宝贵，反而在肆意挥霍。

那么这种错误认知是如何造成的？是因为现在城市里脑力劳动者成为主流，他们每天坐在办公室里，没有体现出工作的强度，这给了管理者们一个错觉，"不就是坐 8 小时办公室吗，再多坐几个小时又有什么关系呢"。而实际上，人们常说脑子是个好东西，事实上，脑子不但是好东西，还是奢侈品，尤其是理性能力，是非常占用精力资源的。大脑虽然具有理性能力，但是运转这个能力却很难，为什么上课要有课间休息？就是因为大脑高速运转后需要一个恢复周期，从幼儿园就开始遵守的大脑作息规律，到了很多管理者那里却偏偏被忽视了。

另外，有些岗位的工作性质决定了这些岗位上的员工的工作时长肯定会超过 8 小时，最典型的就是销售岗位，很多销售岗位甚至可以算是 16 小时工作制。例如，第一个客户约了早上 8 点见面聊，第二个客户约了晚上 6 点吃饭聊，饭后 8 点又去唱 KTV 唱到 12 点结束，于是他会说自己从早 8 点工作到晚 12 点，一共工作了 16 个小时。虽然看起来工作了 16 小时，可是效率极低，一天就见了两位客户，这样下去销售的业绩还是达不成，业绩达不成怎么办？功劳不够，苦劳来凑，于是销售部门发邮件抄送全公司，全体销售为了冲刺业绩，一个季度"996"，希望各部门给予支持，抄送里赫然显示着公司老板的邮箱。老板回复了一句"上下一心，众志成城！"接着电销马上也跟进回复了，本部门从即日起开始执行"996"，全力支持销售部门的兄弟。可电销本来就是倒班制，他们的工作时间不会变，老板心里虽然清楚，但这个时候总不能给人家泼冷水吧？因此只好点了一个赞，于是"996"大势已成，其他部门也被裹挟着纷纷表态，此时，这已经不是需不需要"996"的问题，而是敬业态度的问题。

除了销售部门，还有些部门的工作性质是永远有做不完的工作，例如研发部门，需求永远排到一年之后，不加班还能怎么办？如果到点下班，第二天老板就会问，最近进度不错吧，都不用加班了，他要怎么回答？程序员这个群体都是受过良好教育的，通常脸皮薄，不会打花腔，被老板挤兑了自尊心受不了，一咬牙干脆也"996"吧，可结果是越干需求越多，越加班就越有加不完的班。活没少干骂却没少挨，挨完骂仍有几百个需求排着队等上线，并且确实是自己没干完，只好忍气吞声，继续埋头苦干。老板担心逼迫研发团队会让他们产生负面情绪，于是换了个策略，开始树立标杆，每天给研发人员供应零食，拍加班照片，发战报，把他们捧得很高，这样程序员们也不好抱怨了。其他部门每天看着研发人员的加班战报，怎么也得一起加班表示支持吧？虽然心里把研发人员骂了无数遍，抱怨他们不出活还连累自己加班，但看着他们苦哈哈的样子，难听的话又说不出口，只能咬着牙一起"996"。

既然是被裹挟着加班，那就意味着加班的时候没事干，于是负责人千方百计地没事找事，培训、分享、文化建设全都安排上，既然没有实事做，那就只好"玩虚的"。但是大家工作还是不饱和，于是团队人浮于事，慢慢地，原本生龙活虎的团队变得无精打采，工作起来不紧不慢，甚至故意拖拉。为什么会这样？

因为如果白天把工作干完了，那晚上加班干什么？所以故意把工作留到晚上做。用不了多久，有本事的人不愿意加班"摸鱼"选择跳槽离开，剩下的都是没什么本事、混日子的人，这些人会想，既然跳不走那就继续"摸鱼"呗。一个原本高效的团队就这样硬生生被逼上了集体"摸鱼"之路。

"996"就是这样一个劣币驱逐良币的过程，作为管理者，当你被裹挟着陷入加班旋涡后，团队就会开始干耗。有能力的人因不愿浪费时间而选择离开，没能力、走不了的人留下来开始"摸鱼"，于是整个团队变得人浮于事，成了一盘散沙。你要清楚一点，团队是万万不能闲着的，闲着就会出问题，有些人无处发泄精力就会专研办公室政治，他们没有正经事做时就会惹是生非。一旦团队里玩起了办公室政治，人心很快会散；人心散了队伍也就不好带了。因此，既为自己好，也为团队好，更为公司好，作为管理者，你需要扭转自己的认知，珍惜"精力"这种稀缺资源，把有限的精力用在业绩上面，而不要将其空耗在无谓的"996"上。

如何避免大公司病

说到人浮于事，很多大公司的管理者恐怕都会感同身受，大公司的决策效率往往比小公司低，也就是大家常说的"大公司病"。为什么会有大公司病？因为管理是有带宽的，带宽又是有限的。作为管理者，只能管理一定限度内的人数，超过了这个限度，每多管一个人，难度都会呈几何级数增加，因为你不只是管理下属这个人，而是要管理与之相关的全部关系。因此，通常情况下一个管理者直接管理的下属人数不宜超过 12 个，这还是针对体力密集型岗位，对于脑力密集型岗位，你的管理带宽还会收窄，甚至很多顶级脑力岗位只会配置一个助手。例如，我曾经在 ASML 从事的算法和建模工作，管理者仅是弄明白我的工作内容就很不容易了，还何谈管理？假设一个公司有 1 万个人，平均每个人可以管理 5 个人，那么这个公司大概会有六七个层级，如果再考虑分公司和子公司，一个公司很可能会出现十多个层级。你应该玩过"口耳相传"的游戏吧？ 10 个人传递一个简单的词，从第一个人传到最后一个人，最后经常会出现驴唇不对马嘴的情况，那么公司里面 10 个层级的信息传递衰减是不是更严重？于是就有了大公司病。

以我的个人经验来看，一些互联网公司似乎在避免大公司病方面做得要比传统公司要好一些，为什么这样说？一是因为互联网公司对流程和制度进行了高度的系统化、线上化、自动化、智能化，这大大降低了信息在传递过程中的衰减；二是很多岗位被系统取代之后，公司可以减少一些层级，实现管理的扁平化；三是很多互联网公司还处于创业初期，他们完全是市场机制下优胜劣汰的幸存者，他们的管理者能清醒地认识到市场竞争的残酷性，这让他们始终保留着一颗敬畏之心，不敢对任何可能导致大公司病的细节掉以轻心。

所以，从互联网公司的经验中，可以找到避免大公司病的方向，通过打造系统固化流程，通过对系统的迭代，提升流程的自动化程度。当然最后也是最重要的，是对管理保持一颗敬畏之心，管理无小事，只要在管理岗位上，就要时刻绷紧一根弦，战战兢兢，如履薄冰。

03

终极问题：躲不掉的难题

管理的本质

无数人问过我一个问题，管理的本质究竟是什么？

回答这个问题之前，你可以先试着回答下面几个问题。假如把你扔进原始森林让你自生自灭，你愿不愿意？你很可能不愿意，但在原始森林中，你可以获得无限的自由，为什么还不愿意？因为，在原始森林中虽然自由，却不安全，你可能连一天都活不下去，命都没了要自由还有什么用？如此看来，无限自由就意味着毫无安全，因此为了获得基本的安全保障，你只能出让部分自由给他人，从而换取他人给我们带来的部分安全，如此一来，你虽然不那么自由，但总归是可以保住性命的。

所以管理的本质是什么？简单来说，就是被管理者出让部分自由，并承担执行决策的责任；管理者获得了被管理者出让的部分自由，并拥有管理他们的权力。双方通过这种方式合作，从而产生"1+1 > 2"的增益，这就是管理的本质。也就是说，权力也是一种交易，买方是管理者，卖方是被管理者，被管理者出让部分自由让管理者获得了部分权力，同时管理者获得了权力，也就承担了向被管理者提供增益的责任。既然是交易，那么交易双方必然是平等的，不能强买也不能强卖。你可能会困惑，既然存在管理和被管理的关系，又怎么可能平等？这就涉及你如何理解权力了。权力和责任是对立统一的矛盾双方，二者一体两面、相互依存，从来不存在不用承担任何责任的绝对权力，当然更不会有不掌握任何权力的绝对责任。交易双方在权力契约形成之前是平等的，这自不必说；即便是在契约形成之后，契约在约定权力的同时也约定了与之对等的责任，站在权责矛盾体的维度来看，双方仍然是平等的，假如管理者的权力是 1，那么与之对应的责任便是 -1，两者相加等于 0；那么被管理者的权力是 0，同时与之对应的责任也是 0，0=0，管理者 = 被管理者。

把握了这一点，你可以试着回答下一个问题——如何获得权力？这要用到辩证法的第二个规律——量变引起质变。是哪方面的量变引起了管理角色的质变？答案当然是责任的量变，假如你第一天管理一个人，并使他获得了 100 元的收益，那么这个人就愿意在第二天也服从你的管理，因为这样他可以继续获得 100 元的收益。如果第二天你又管理了另一个人，使他也获得了 100 元的收益，那么你就承担了管理两个人并使之各获得 100 元的责任，也就获得了管理两个人的权力。一个月之后，有 10 个人习惯了在你的管理下每天获取 100 元的收益，那么他们的这种习惯性依赖就是出让了他们的部分自由，你获取了管理这 10 个人的权力，你所承担责任的量变就引起了你个人角色的质变，因此你就成了一名管理者。所以，获取权力的过程实际上就是承担责任的过程，而承担责任的表现，就是使交易对方获得收益。

最后，你可以结合实践来判断自己是否具备管理能力。判断的标准只有一条，就是是否可以持续为他人带来"收益"。当然，这里的收益是广义的，其中至少包含眼前的功利收益、长远的功利收益，以及精神收益等几项内容。眼前收益包括为他人提供的绩效奖金、工作环境、口头夸奖等，换句话说，就是让别人"跟着你有肉吃"；长远收益则包括能力提升、升职加薪、职业发展等，即成为别人的职场导师，毕竟一时有肉吃不算香，长久有肉吃才是真的香；至于精神收益，就要看自己的感悟了。

电车难题

如果说为团队带来收益是管理中积极的一面，那么"慈不掌兵"就是管理中消极的一面。很多人之所以做不好管理，恰恰是因为太"慈"以至于无法面对"电车难题"。什么是电车难题？一个疯子把 5 个无辜的人绑在轨道上，一辆失控的电车朝他们驶来并且片刻后就要碾压他们。幸运的是你可以拉一根拉杆让电车驶入另一条轨道，但不幸的是那个疯子在另一个条轨道上也绑了一个人。考虑以上状况，你觉得你是否应该拉下拉杆？

在回答这个问题之前，我们不妨先做几个不那么残忍的思想实验：假如挖走一棵树可以挽救 5 棵树，那么应不应该挖走这棵树？答案显然是应该。那么假如删除 1 个人工智能程序可以挽救 5 个人工智能程序，那么应不应该删除？答案显然也是应该。当然，我们对这些问题进行了高度抽象，假设中的每棵树和每一个人工智能程序都可以被认为是完全一致的。既然以上两个问题的答案毫无争议，为什么换成了人就会变成难题？因为人有自己的价值观，每个人都是独一无二的。而树只知道生存，人工智能只能计算各种结果发生的概率，它们不像人一样有独一无二的价值。所以对于人，我们很难根据数量的多少做出判断。

对于一个管理者而言，你很可能每天都要面对这样的电车难题，你永远需要权衡要不要牺牲某些人的利益来保证大多数人的利益，例如裁员。如果不忍心淘汰那些表现差的员工，那么公司就会逐渐沦为大家一起吃"大锅饭"，最终结果只能是大家集体失业。因此对于管理者来说，电车难题永远不应该成为难题，为了大多数人的利益而让自己去做"恶人"，这本身就是管理的一部分，正所谓"我不入地狱，谁入地狱"。

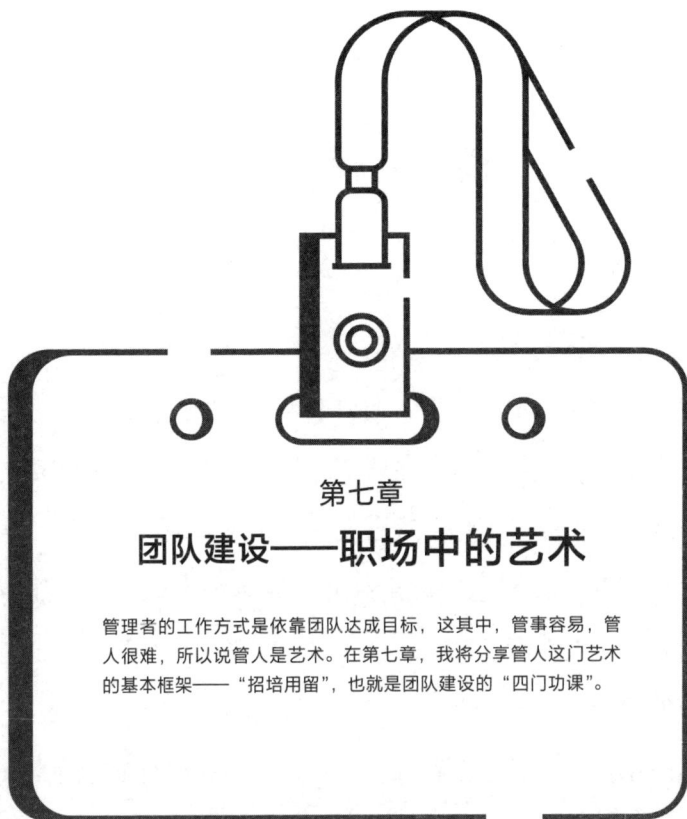

第七章

团队建设——职场中的艺术

管理者的工作方式是依靠团队达成目标，这其中，管事容易，管人很难，所以说管人是艺术。在第七章，我将分享管人这门艺术的基本框架——"招培用留"，也就是团队建设的"四门功课"。

01

周公吐哺：选人

搭建团队的第一步是选人，如何选人？筛选简历和面试的方法在本书第一章已经讲过，在此不再赘述。面试并录取了员工之后，选人就算完成了吗？远远没有，这只能是一个门槛，在那么短的时间里，只通过口头沟通，你对一个人的了解能有多少？所谓知人知面不知心，这时你只能得出一个相当粗糙的结论，那就是"这人不会太差"，至于他能有多好可就说不准了。虽然说不准，但也不必着急，来了之后还有磨合期，这期间你可以尽可能细致地考察他。你可以让他先出个预算、做个计划，考察他的大体思路，然后再观察他是否能独立找到切入点，顺利启动自己的计划。如果他的计划没问题，切入点也很精准，你稍微推动一下，他就顺利启动了，然后开始不断迭代，形成良性循环，这样的人就是好的人才。这种人基本不用再试了，可以放心地把一整块工作交给他，你只需要给他提供一些资源，当然其中主要的还是管理资源，也就是帮他协调一下部门间的关系，其他的事他自己就可以解决。有思路，能找到切入点，自然就可以把一块业务越做越大，这个过程中他还会不停地自己找项目去做，从而拓展自己的边界。我带过的团队里面就有几位这样的人才，他们每个人都可以独当一面，有些甚至把我的工作都做了。这些人的成长是最快的，不论升职还是加薪，他们都是最优先被考虑的对象，而他们自己却并不认为升职加薪是最大的收获，反而更加看重自己的能力提升及从中获取的宝贵经验。

不过这类人才可遇而不可求，大多数人只是中人之资，他们与上文中的人才的最主要的区别在于，他们虽然可以做计划，却很难找到启动的切入点。正所谓知易行难，不过好在他们勤勤恳恳、做事踏实，至于找到突破口，恐怕还需要你给他们一个助力，帮他们找到那件小到足以作为切入点的"小事"。他们一旦切入，就可以逐步展开原定计划并逐渐走上快速反馈、快速迭代的正循环，之后的过程就与上述过程相同了，他们自己想做的事情会越来越多，逐渐也会成为独当一面的人才。

剩下的就是没有中人之资的人了，他们无法做到举一反三，只能教一步走一步，对于这种人，你是没有时间和精力浪费在他们身上的。他们虽然未必无药可救，但是对于你来说，教育他们的投入产出比实在太低，根本不值得投资。例如，我的团队里曾经有一位同事，他经常加班到很晚，但工作还是做不完。有一次我开会开到半夜，从会议室出来发现他还在那里做表格，我走过去看了才发现，原来他完全不会用快捷键和公式，只能用鼠标逐个点击。我向他演示了一下如何用几个简单的公式把一张表快速做好，他看到后非常兴奋地说"老板真厉害"，可是第二天再看他时，他依然如故，仍然用"一指禅"在点点点。这样的人恐怕暂时只能做些体力劳动，你敢让他承担复杂一点的工作吗？不敢，所以他们的工作会越来越少，除非有一天开窍了，有了中人之资，才可能被再次启用。

所谓选人，并不止于面试，更关键的阶段是在新人入职之后的前三个月，这三个月是你和新人的磨合期，也是你对人才的考察期。充分利用这段时间去观察他们，挑选出好的人才，让他们放手去干，挑选有中人之资的人，帮助他们尽快切入工作，把没有中人之资的人识别出来，谨慎地给他们分配任务，否则不但会害了你自己，也会害了他们。

02

十年树人：培养

事实上，一个公司里的好的人才少之又少，没有中人之资的人也不多，绝大多数都处于中间水平，他们将来能成长为什么样的人才，很大程度上取决于管理者对他们的培养。培养人才面临的主要问题，在于培养需要投入资源供其试错，但资源是有限的，永远都不够用，所以培养下属实际上就是在利用资源达成眼前目标与牺牲资源提升下属能力以期达成长远目标之间寻找平衡。那么落实到实践中应该怎样做？总结为一句话，就是"扶上马，送一程，放他做，你兜底"，除此之外别无他法。

我们先来看培养人才时常见的几个误区。第一个误区就是"手把手地教"，用这种方式永远培养不出人才，因为手把手教的过程中都是你在想办法教他，思考的人是你而不是他，最后你思考得多了，自己倒是明白了，可他却依然在原地打转。就像学骑车的人如果一直看别人骑车是学不会的。第二个误区是"放任不管"，正好与"手把手地教"截然相反。大多数人是好逸恶劳的，越缺少阅历的人就越没有目标，越没有目标就越缺乏动力，于是他们选择在哪里跌倒就在哪里"躺平"，这时如果缺少外界对他们的督促，就成了"温水煮青蛙"，这些人很快就会被落下。最后一个误区是"揠苗助长"，强压任务、提高指标、严厉批评，这种方式会让人产生逆反心理以至于和你对着干，结果就是你说你的、他干他的，他会把自己封闭起来，不理会你。

所以，想要培养一个人才，你不能管得太细，管得太细他就失去了成长空间；也不能管得太粗，管得太粗他就失去了方向、容易长歪；还不能要求过高，要求过高他会畏缩不前。在你把他"扶上马，送一程"之后，还是要放手让他自己去做，就像篮球比赛中教练总会在一些无关紧要的时间让新人上场，要允许他失误，被断球、被封盖，甚至 24 秒进攻超时都无所谓，你不让他上场，他永远不知道比赛是怎么打的，这就是人类形成认知的方式，不骑车就永远学不会骑车。培养下属就像培养篮球队员，你不能让他去投关键球，甚至很多比赛都不能让他首发出场，但是你要想方设法地为他创造上场锻炼的机会。创造什么样的机会？就是输了你能兜住底的机会，也就是让他试错的机会，而你要做的就是把试错成本控制在自己能承受的范围之内，而等到他成长起来，你就可以获得回报了。

03

人尽其才：用人

年轻人为什么越来越不好管

不止一位管理者和我说，现在的年轻人越来越不好管，我问他们为什么，得到的答案五花八门。他们的感觉没有错，现在的年轻人确实越来越不好管，但原因他们都没有说对，年轻人变了只是现象，其背后的本质是员工与公司的关系正在发生变化。

我们在网络基础设施方面的积累到了量变引起质变的阶段，越来越多的个人只要能上网就可以开展工作，而互联网的所有者不是某个公司，这就使得个人工作可以不再受制于任何一个公司。例如，公司里做内容运营的年轻人，如果他可以持续产出优质内容，那他还需要公司吗？不需要，他自己去做网红就好了，事实上有几位网红所在的 MCN[1] 公司已经上市。网红本人持股比例是多少呢？有的超过了 50%，如此一来，你还能说网红在给 MCN 公司打工吗？虽然这只是极端个案，但是这种现象反映出的趋势却显而易见，放到 10 年前，谁敢相信一家上市公司会被一个员工绝对控股？而如今，这种趋势已经不可逆，网络赋予了个体较以往而言难以想象的能力，使得一个人就可以是一个公司，可能还不止一个公司。一个人通过网络就可以与合作者进行协作，其效率之高也让传统公司望尘莫及。

我们甚至可以做出这样一个判断，被网络高度赋能的个体正在迅速崛起，大有与传统的公司制度一较高下的趋势。为什么可以做这样的判断？因为公司这种组织的存在目的就是提高协作效率从而降低交易成本，但是赋能个体已经将协作效率提升到前所未有的高度。如果公司运营效率不高，那一个公司中 1 000 个人协作的效率怎么可能比得上两三个赋能个体通过网络平台进行协作的效率？很多时候，这些赋能个体甚至可以做到一个人独立作业，这种效率差异对一些公司形成了降维打击，赋能个体取代一些传统公司只是时间问题，用不了多少年，流

---

1 MCN（Multi-Channel Network），即多频道网络，一种多频道网络的产品形态，是一种新的网红经济运作模式。——编者注

通领域的主力可能将不再是公司而是赋能个体，这是前所未有的大变革。

因此，作为传统公司制度下的管理者，你不得不认清现实，员工已经站在了与你平等的位置，这要求作为管理者的你要更加理性地与他们合作，并且发自内心地尊重他们，毕竟他们留在你这里并不是求着你讨生活，他们离开你成为一名赋能个体，或许可以生活得更好，倒是你要求着人家留下来帮你工作。当你正视这样的现实并调整好心态，也就不会再觉得年轻人有多么不好管了。

KPI 与 OKR

如何与员工平等、理性地合作？答案就是我们之前讲到的"正名"，也就是拉齐目标。一个公司的目标从大到小分别是使命、愿景、阶段性目标、年度预算，这其中即便是最小的目标——年度预算，也只是一个最终数字。作为管理者，要如何实现这个数字？你需要抓手，如何得到这些抓手？需要将年度预算中的指标进行分解，分解出来的足够细致的指标就是 KPI，它们是你完成预算的具体抓手。当你达成了所有 KPI，也就达成了年度预算。例如，预算中 12 月的营收是 2 000 万元，如果你是销售部门的负责人，这2 000万元的销售额就是公司分配给你的KPI，该怎么达成这个KPI？你需要应用之前讲到的数据分析方法对其进行拆解，比如产品单价2 000元，那么就需要销售1万单。假如从线索到销售的转化率是1%，那么就需要100万条线索，于是2 000万元销售额的KPI就被拆解成了100万条线索和1%转化率两个子KPI，你可以把线索的KPI分配给市场部门，把转化率的KPI分配给电话销售部门，如果他们都完成了各自的KPI，你作为管理者的KPI也就完成了。

这时候有人可能会提出疑问，为什么要把两个KPI分配给两个部门而不是一个部门？第一，是因为获取线索和电话销售是截然不同的两种工作，所谓术业有专攻，要让专业的人去做专业的事；第二，是因为如果由同一批人来获取线索和完成电话销售，他们之间就缺少制衡机制，很容易滋生腐败。例如，销售人员可能会私下售卖一些优质线索，从中谋取私利。如果他们同时也负责获取线索，那么这些私下被售卖的线索可能根本就不会出现在公司的数据中。站在公司的角度看，这些线索从来就没有存在过，即便你能通过线索单价的波动看出一些端倪，却抓不住这些"蛀虫"的实际把柄。以上两点引出了KPI的两个基本原则，第一个是简化原则，你需要尽可能地简化一个部门或一个岗位的职责，让他们负责尽量少的事情，这样才能降低工作难度，从而使他们更容易完成 KPI；第二个是权责分离原则，你需要把那些容易产生"监守自盗"[1] 的两种权力分配给不同部门，使之相互制衡。那么为什么不把电话销售的 KPI 设置成 1 万单的销量，而是 1% 的转化率？因为 1 万单的销量不仅取决于转化率，还取决于线索数量，可是电话销售对线索数量无能为力，你不能让他们承担与权力不匹配的责任，这就是 KPI 设置的第三个原则，权责匹配原则。

对于销售这种目标单一的岗位，只要遵守简化、权责分离和权责匹配三个原则，就可以为员工设置一个清晰的 KPI。但是也有一些岗位，他们的职责比较复杂，例如运营，他们要对公司的整个预算负责，那么要怎么设置他们的 KPI？这一直是一个难题，为了解决这个难题，我们不得不引入另一种目标体系，那就是目标与关键成果法（Objectives and Key Results，OKR）。OKR 最初盛行于谷歌公司，到现在已有 20 年时间，这期间它在中国也流行过几次，即便是现在也仍然时不时被拿出来讨论。这说明什么？不是说明它有多好用，而是说明它很难用，如果它像 KPI 一样简单明了，不是早就普及了吗？我们可以这样总结，如果你连 KPI 都还用不好，那就不用想 OKR 了，因为你

1　盗守自盗是指窃取公务上自己看管的财物。——编者注

还远没有达到使用 OKR 的水平。就像打篮球，如果你罚篮都不准却还想变成三分投手，是不可能的。抛开 OKR 的光环，客观地讲，绝大多数公司的绝大多数岗位其实只适合用 KPI，并不适合用 OKR。例如，销售岗位就看销量，客服岗位就看接听量，等等。而这一类岗位在绝大多数公司都是员工最多的岗位，这种单一性工作本身并不需要 OKR。真正需要 OKR 的其实只有少数岗位，例如研发。为什么 OKR 从谷歌开始兴起？因为谷歌的大部分岗位就是研发。他们适合用 OKR 的最现实的原因是，管理者没办法给他们设置合理的 KPI，系统需求的排期是他们自己定的，技术上的事需求方也弄不明白，所以人家怎么排都有道理，那你怎么考核？考核完成率吗？人家把交付日排得靠后点就可以轻松完成了。你如果压缩排期，人家就带着一堆 bug 上线，你说人家 bug 多，人家就说你乱压排期，而且人家不是乱说，多少有这方面因素的影响，不是吗？最后需求部门只能是"哑巴吃黄连，有苦说不出"。我听过一个笑话，一个公司给研发设置的一项 KPI 是考核代码量，然后有一位程序员用一万行代码实现了"hello world"……

无法设置 KPI，那就只能使用 OKR 了，这是被迫做出的选择，即便 OKR 没有 KPI 那样简单易懂，但至少不会显得那么愚蠢。当然，OKR 确实有一个优势，其关键思路是让执行者自己设置目标，并且鼓励大家设置有挑战性的目标，它认为达到目标的80% 左右才是最优状态，如果完成率过高，说明目标设置低了；完成率过低，说明执行不到位或目标设高了。OKR 把"设置目标"也作为一项任务交给了执行者，这样就使那些真心想做事情的人终于可以找到当主人翁的感觉，他们从原本的执行者变成了自我管理者，从而大大提高了工作效率。要知道，产品研发、运营这些岗位都属于"创作型"岗位，这种岗位有什么特点？他们是一个乘数，而不是一个加数，他们的工作会影响所有人，而且他们的下限特别低，也很容易就会变成负数，很多时候研发的一个 bug 就能让公司一个月的业绩前功尽弃。相应的，他们的上限也特别高，有时产品研发更新的一个重要版本甚至可以帮公司实现上市。影响如此之大又如此不可控的岗位，你能拿他们怎么办？唯一的办法就是激发他们的主观能动性，让他们自己设置目标、自己寻找方向，然后自己朝着那个方向努力。

KPI 也好，OKR 也罢，说到底都只是工具，工具再好也只有到了会用的人手里才能发挥作用，该用 KPI 的用 KPI，该用 OKR 的用 OKR，二者被你物尽其用之日，就是你的团队人尽其才之时。

04

优胜劣汰：驱逐劣币，留下良币

淘汰害群之马

有管理者问过我一个问题，如果公司里有一种人必须淘汰，那么应该是哪种人？我的回答是充满"负能量"的人，所谓"小人常戚戚"，这种人在古代就被称为"小人"。这里的"小人"就是指外表已经长大成人，可内心仍是个婴儿的人。他们这种特质体现在能力上，就是理性能力不足，以至于遇到事情不思考，只会由着性子发泄情绪，就像婴儿一样，不给买玩具就要满地打滚。当然，这只是表面现象，这些表现反映的深层次问题是什么？还是认知问题，他们并不觉得有保持理性的必要，抑或他们根本不知道还存在一种叫作理性的东西。我也尝试过与这种人沟通，但均以失败告终，而且失败的过程颇为相似，摆事实他们不尊重事实，讲逻辑他们听不懂逻辑。例如，你和他说业绩没达标，他就和你说他觉得做得挺好的；你把数据给他看，他就说数据跟他想的不一样，为什么不信他信数据；你

告诉他一次没达标没关系，找到问题下次达标就好了，他不但
不找自身问题，反而把周围的人都骂一遍，总之他自己业绩没
达标都是其他人的问题，他自己一点问题也没有。如果你问他，
为什么别人有问题还能达标，你没问题却没达标？他就会说某
某也没达标，你怎么不说他？你只能强压住心中的怒火让他先
回去，让他慢慢从自己身上找找原因，结果他反而很委屈，于
是到处抱怨。这种人可能还真不是故意无理取闹，他们就像撒
泼打滚的小孩子一样，不知道自己这样做有什么不好，但如果
让他们这么抱怨下去，团队里其他人会怎么想？他们会想"我
成天拼命工作却被你在背后说三道四，管理者不但不惩罚你反
而还得哄着你，那我凭什么还努力工作"。一旦这种趋势发展起
来，你可能就回天乏术了。最好的办法就是防患于未然，见到
负能量爆棚且屡教不改的人，要果断开除，对他们的姑息就是
对辛勤的劳动者的伤害。

开除之后事情就结束了吗？还没有，发展到现在的地步，谁应
该负责，是谁把这样的人招聘进来的？是你自己，因为当初没
看出来这是个理性能力不足的人，或者并不是当初没看出来，
而是在他来了之后疏于引导，才导致人家走上了这条路。作为
管理者，你要对自己的每一个员工负责，开除员工不是小事，
对于员工来说，不论是经济上还是精神上这都是巨大的打击；

对于公司来说，从招人到培养成才，这个过程的成本是巨大的，所以每一个员工都是公司的宝贵财富，即便万不得已需要开除员工，你自己也要从中吸取教训，要充分利用这个案例去发现招人和用人方面的问题，不要让惨痛的教训发生第二次。

留住千里马

淘汰"小人"的目的还是为了留住人才，而留住人才往往比淘汰"小人"更让管理者头疼，毕竟淘汰的权力在自己手上，而人才去留的选择权却在别人手上，实际上，对此你能做的也只是尽量避免那些导致人才流失的原因发生。那么人才流失的原因都是什么？主要有三个：钱不够、气不顺、没希望。

什么是钱不够？首先是生活所需，如果赚的钱都不够还房贷，那人家当然要走，总不能在你这等着房子断供吧。就算工资够还房贷，但是如果别的公司给的工资更高，那依然属于钱不够，不是不够花，而是不够多，毕竟谁也不会和钱过不去。这样的员工要如何留住，靠钱吗？很多情况下，预算是固定的，你没有能力给人家涨工资，而且涨工资从来不是一个人的事，张三涨了工资李四马上就会知道，到时李四也如法炮制要求涨工资怎么办？或者退一步说，就算这次你通过涨工资把人留下了，可是没几天人家又接到一个薪资更高的 offer，那时怎么办？要知道，你永远不可能是市场上出价最高的那个，总有人比你更需要这一类人才，他们出的价钱也会比你高。因此，只靠钱是留不住人的，你能做的就是在成本允许的范围内，按照市场公允价值来制定合理的薪酬标准，然后根据考核制度决定升职加薪，不到万不得已不要打开制度的突破口，为了一个人而破坏一套制度绝对是得不偿失的。

什么是气不顺？看看自己在一天之中有多少时间在和工作打交道，除了正常工作的 8 小时，上下班路上的时间及午休时间是不是也与工作息息相关？如果算上加班、同事聚会、下班之后思考工作……一天下来，与工作相关的时间甚至会超过 12 小时，这几乎是你一天之中除去吃喝拉撒睡之外的所有时间了。因此，工作开心，就是开心的一天；工作不开心，就是不开心的一天，人一辈子满打满算又能有多少天，如此看来，你就应该知道"气不顺"对一个人的影响有多大了。与"钱不够"相比，解决"气不顺"这个问题是不受预算限制的，因此作为管理者，应该尽可能地把工作氛围营造得友好一些，让同事之间相处得融洽一些，这些都是不花钱就可以做到的，关键是要肯花心思。如果你能把团队的氛围建设得其乐融融，让成员之间的关系亲密无间，那么大家配合起来自然得心应手，做起事来也会事半功倍。和谐的工作环境是留住人才的重要筹码，毕竟很多人并不是只认钱的。

什么是没希望？"钱不够"说的是眼前，没希望说的是未来。人是面向未来的，现在没钱不要紧，只要未来还有希望，眼前的困难都是可以克服的。越是没能力的人，越是盯着眼前的蝇头小利；而越有能力的人，就越是看得长远。想要留住没能力的人很简单，给他们些许眼前利益就可以了；想要留住有能力的人就难了，你需要给他们希望。所谓的给希望并不是"画饼"，有能力的人可以分辨管理者是否在说大话，他们需要的是真真正正的长远利益。例如公司内部的发展空间，行业内的专业道路，当然还有实打实的股份和期权，等等。

想留住人才，作为管理者，需要尽可能避免以上三个方面的问题，而人才在考虑去留问题时大体也会综合考虑这三个方面，这三个问题归根结底只是一个问题，那就是整体收益问题。欠缺物质收益就要用精神收益弥补，欠缺短期收益就要用长期收益弥补，如何做到？作为管理者，你需要一心把业绩做好，带领团队从一次胜利走向更多次、更大的胜利，这样你就可以争取到充足的预算来提高团队的薪资待遇，团队也可以在胜利的喜悦中不断成长，你和团队也就都有了光明的未来。

善用团建留住人才

很多管理者都意识到了工作氛围的重要性，他们也千方百计地营造一个良好的工作氛围。怎么营造？他们不约而同地选择了团建。但是，理想很丰满，现实却很"骨感"，他们的团建不但没能起到与员工拉近距离的作用，反而让员工产生了极大的反感。很多管理者会来问我哪种团建方式比较好，起码能做到不被大家反感。然而，大家反感的并不是某种团建方式，他们反感的是被"强迫"。

无论哪种团建方式，有人喜欢就一定有人讨厌，唯一不会被反感的方式就是"不强迫"，让大家自愿参加。有些人可能要问，如果让大家自愿参加，还能达到团建的目的吗？回答之前，先要弄清楚团建的目的是什么，是为了显示老板的权威还是为了凝聚团队的人心？如果是后者，占用员工个人时间强迫员工做自己不喜欢的事能达到目的吗？既然传统的方式存在这种矛盾，那怎样做才能让团建起到凝聚人心的作用？其实可以把集中式的团建变成几个日常活动，成立各种各样的俱乐部，在每周下班固定几天组织活动，活动包括但不限于羽毛球、篮球、乒乓球、桌游、读书会……大家自由选择、自愿参加，当然也可以哪个都不参加，或者活动过程中随时有事随时走。

这种方法有效吗？从我带领团队的经验看，效果还是比较显著的，团队中越来越多的人被身边的同事拉进了俱乐部，还有不少"上瘾"的人，聊天三句不离俱乐部。团队的精气神好了很多，部门间、同事间的交流比原来也增加了不少，我时不时能听到某个团队的负责人招呼大家，"把手头的工作赶紧收尾，准备去打球了"。

以前，团队里多数人都沉默不语、各自为战，像是一台台冷漠的机器；现在，团队里同事们彼此之间有了交流的话题，工作干得热火朝天，他们不再是冷漠的机器，而是配合默契的队友。有了这样的工作氛围，即便有人想跳槽，想必也会有些不舍吧。

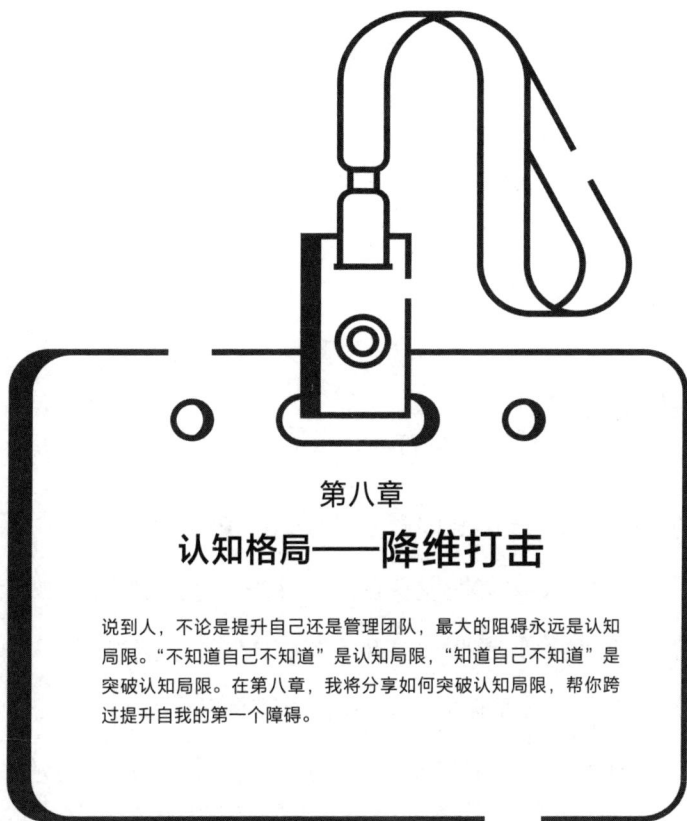

第八章

认知格局——降维打击

说到人，不论是提升自己还是管理团队，最大的阻碍永远是认知局限。"不知道自己不知道"是认知局限，"知道自己不知道"是突破认知局限。在第八章，我将分享如何突破认知局限，帮你跨过提升自我的第一个障碍。

01

知道不知道：认知

人是如何变强的

职场上遇到的绝大多数问题，根源都在于认知，也就是不知道自己不知道。如果你能发现自己不够强，并提出"人是如何变强的"这个问题，说明你要开始突破认知了。这很好，只不过在这之前你还需要建立一个信念，就是坚信"别人行，我也行"。认知就像一层窗户纸，捅破它易如反掌，但难就难在你可能从来没有意识到这层窗户纸的存在，以至于永远不会去捅它。大多数人之所以原地踏步，正是因为卡在了认知上，他们根本不认为自己可以变强。这些人最常用的借口是"别人行，那是因为他们有天赋、有个好父亲、家里有矿，而我什么都没有，所以我什么都不行"。就像驯象人在大象还小的时候把它拴在一根黑色铁柱上，小象想挣脱，但力气不够，无法挣脱，试了几次之后就放弃了。等它长大了变成大象，虽然力气已经足够挣脱，但只要见到黑色铁柱，它仍会认为自己无法挣脱，所以它根本不会试着去挣脱，依然会像小时候一样围着铁柱转圈。那些认为自己不行的人，他们的心态就和被驯服的大象一样。

突破认知后，你要做的是去发现你对某个领域的乐趣，并产生好奇心。例如，你看到别人可以完全脱离鼠标，全凭快捷键操作 Excel，手指上下翻飞，如同弹钢琴一般流畅且富有节奏，你需要用一个小时做完的表格，别人只用 10 分钟就做好了，此时你心里不由得赞叹连连。这就是好奇心。被某样事物吸引后，你就可以着手学习了，不过在那之前，你还需要做一个准备——调整预期。变强的道路是曲折的，是呈螺旋上升的，是有瓶颈、有平台期、会走弯路的，走不好或许还会掉进坑里，因此，如果你期待的是明天就可以变强，那么明天你一定会放弃，因为现实会无情地摧毁你的信心。很多人就是被现实与预期之间的巨大差距吓倒了，以至于一事无成。

调整好预期后，你终于可以开始"学习"了。我们前面提到过，"学"和"习"是两个意思，你可以把"学"理解为找方法，把"习"理解为实践，所谓"学习"就是边找方法边实践，两者缺一不可。为什么缺一不可？因为方法有很多，但方法多了未必是好事，有时反而会让你无所适从，不知道哪一个真正适合自己。那么怎样才能分辨出更适合自己的方法？这没有捷径，只能通过实践加以筛选。很多人都会被卡在实践这里，他们一直在找方法但从不实践，这些人也注定一事无成。所谓"知易行难"，就是这个道理。不要管自己有没有想清楚方法，你要做的是知道了一点就去实践一点，再不断迭代，在实践中发现问题，带着问题找方法。调整方法的同时也要调整预期，然后再去实践，再找方法，再调整预期，如此循环，迭代速度越快，进步得越快。

如何避免浮躁

有人问我，在坚持迭代的过程中总是免不了心浮气躁，该怎么办？答案是学习时只学习，吃饭时只吃饭。为什么人会浮躁？浮者，不沉，就是不能沉浸其中；躁者，不静，就是不能专心。人是怎么浮躁起来的？上午学习时心里想着中午吃什么，中午吃饭时又想着下午要学什么，用不了多久，你就会变得浮躁。如何才能不浮躁？你需要在学习时只专注于知识本身，想方设法将其理解透彻，正如前面所讲，你要不停地追问自己"是什么""为什么""如何做"这三个问题，不断对自己的答案进行质疑，直到问无可问，这就是古人所说的"审问之，慎思之，明辨之"。吃饭时应只专注于饭菜，仔细咀嚼每一粒米，专注品尝每一口菜，当你沉下心来细细品味时，甚至会发现原来米是如此香甜。你应该听过"一心不可二用"这句话，只要你一心二用，就会变得浮躁，为什么会这样？因为如果你的大脑尚不支持"高并发"而你却强行让其并行处理任务，那么结果就是大脑过载，反而一件事也处理不好。所以，在你还不能把一件事做到像呼吸一样自然之前，最好还是沉下心来，一心一意，每次只做一件事。

如何应对瓶颈

大部分人的成长都不可能永远一帆风顺，总会遇到这样或那样的瓶颈，这就是我一再强调要调整预期的原因。那么，如果遇到了瓶颈应该如何应对？

我曾去 ASML 总部面试算法岗位。这个岗位对应的课题是解决激光头移动最优路径的问题，这是个背包问题，特点是复杂度随着路径的增加呈几何级数上升，是一类需要持续优化且不存在最优算法的问题。通过为期一周的测试，我进入了最后的面试环节。当时的面试官在面试结束前问了我一个问题：如果你手上的工作遇到困难进展不下去了，你要怎么办？我当时给出的答案是，我永远不会让自己手里只有一项工作，所以如果一项工作遇到困难进展不下去，我会开始另一项工作直到原来的工作出现转机。面试官听到回答露出错愕的表情，然后两眼放光地说，这是他听过的最令人印象深刻的回答，最终我被顺利录取了。后来因为种种原因我选择了回国，走之前与那位面试官打了通电话，他依然记着这件事。

这个答案说明，人不应该被困难"卡住"，永远不要把希望全部寄托在一件事物上，就像鸡蛋不能放在一个篮子里。很多时候，之所以被瓶颈"卡住"，并不是因为不够专注，而是因为太过专注以至于走进了认知的死胡同。例如，面对怎么把鸡蛋立在桌子上这个问题，苦思冥想地探寻答案显然效率太低，倒不如暂时将其搁置，该吃饭吃饭，该睡觉睡觉，或许哪天鸡蛋不小心掉在地上"立住了"，你由此便恍然大悟，原来鸡蛋还可以这样立住。

为什么我的答案让那位面试官印象深刻？因为人通常会有认知盲区，走到死胡同里就会认为那是唯一的路，哪怕两边根本没有墙。那时你其实意识不到这一点，因为你的认知里有墙，所以你根本不会去辨别你所认为的墙是否真的存在。只有当你跳出那条死胡同、变换了视角后，你才会赫然发现，原来自己认为的那堵墙根本不存在。

02

对你好但与你无关：格局

什么是降维打击

不知道你在公司里面是否遇到过下面这样的人。

你的方案被他挑战了，你以为他是在和你作对，实际上对方只是想把项目做好，而你的方案拖了他的后腿。

你以为他努力做好项目是为了讨好管理者，实际上根本不是这样，如果有人拖后腿，就算是管理者，他也一样要挑战。

你以为他如此努力只是为了升职加薪，实际上根本不是这样，这个公司只是他的一个跳板，他努力做好项目只是为了在简历上增加亮点，然后去更大的平台。

你以为他一心只想利用同事、管理者和公司，实际上他真心希望大家都能成长，毕竟一个好汉三个帮，多个朋友多条路。即使到了大平台，他仍希望在这里培养出来的人才也能助他一臂之力。

你以为他在不顾一切地往上爬，实际上他不求名也不求利，只希望通过成长去做更大的事，从而获取更丰富的体验，这些体验可以帮助他完善自己的价值观。

你以为他只顾"一人得道"，实际上他心里清楚，凭一己之力并不能满足自己的好奇心，他希望你们也能像他一样，无论做什么都追求高标准，在物质上大家实现共赢，在精神上大家共同成长。

这种人所追求的，正是老子所说的"夫唯不争，故天下莫能与之争"。所谓"不争"就是一次次升维的过程，而一共会有多少层维度呢？我认为有四层。

第一层，凡事必争。这可能是大多数人的状态，并且在小孩子身上表现得最明显。吃饭要抢着吃，玩具要抢着玩，事事都担心被别人占了便宜，因而事事都要计较。那为什么长大之后这种情况被削弱了？因为大脑发育成熟后，人的思维变得理性，不再以哭闹为手段维护自身利益，所以成年人是用理性来维护自身利益的。但理性是比较高级的工具，掌握起来比较困难，虽然人人都会，但并不是人人用着都得心应手，因此一部分成年人会在一些情况下退化回小孩子的状态，时不时地"一哭二闹三上吊"。别看这些人的身体已经长大成人，他们的内心仍然是小孩子。

第二层，有所不争。有所不争的人认为"是我的你拿不走，不是我的，你给我我也不要"，在你我身边这种人有很多，那些拾金不昧的人，那些买东西被多找了钱却不收的人，都是这种人。这种人往往是社会的主流，有了他们，社会发展才会蒸蒸日上。不过，他们仍然在与身边的人博弈，把同学、同事看作竞争对手，虽然能做到与别人光明正大地竞争，但是他们自己如果有点个人经验或独门绝活，也许还想藏着掖着，生怕"教会徒弟，饿死师傅"。

第三层，放眼局外。在公司里，这种人虽然不常见，但你时不时也会遇到。他们对职位薪酬似乎毫不在意，你在工作上遇到任何困难去找他们帮忙，他们一定会尽可能地帮助你。不仅如此，他们还会争取从根本上解决这个问题，他们认真的态度，反而会让你有点不好意思，毕竟这事对他们并没有什么好处。

可问题解决后，人家却绝口不提，仿佛这事没发生过。他们眼光长远，不争一时一事的局中小利，而是放眼局外的大利。

第四层，大道之争。能够放眼局外的人已经很了不起，难道还有更了不起的人吗？有，这种人毕生只有一个方向，就是探索世界，他们在这个方向上努力奔跑，好奇心使他们永远不知疲倦，优雅和简洁之美始终在召唤他们，他们把已知的知识推倒重来，在原有知识的基础上不断迭代，终其一生都乐此不疲。他们不但"独乐乐"，更希望所有人都能像他们一样享受这种快乐，因此他们不遗余力地投身教育，把自己的发现毫无保留地分享给所有人。同时，他们深知自己的力量是微不足道的，想要了解这个世界的运行规律，需要召集志同道合的人，他们对和自己拥有同样志向的人知无不言、言无不尽。那些受到他们召唤的人前赴后继，站在前辈的肩膀上朝着同一个方向探索。在他们看来，其他人也都应该被发展为志同道合的伙伴，并尽可能地人尽其才。

什么是大格局

你的认知维度决定了你的格局，认知不断升维的过程，实际上就是格局不断变大的过程。你可能会问，怎么判断自己的格局有多大？大体可以参考以下几个标准。

如果你的身边全是敌人，你一会儿和这个斗气，一会儿又在背后说那个的坏话，那么你的格局大不了，甚至你很可能就是一个"小人"。什么是"小人"？就是外表看似长大了，内心还是小孩子的人。只有小孩子才会一会儿和张三成了朋友，马上又会因为一点鸡毛蒜皮的小事闹翻，然后去和李四一起骂张三……小孩子的心智还没发育健全，我们不能苛求他们。可是大人呢？看看你身边有多少人为了蝇头小利斤斤计较？这些人就是"小人"，如果格局可以被量化，他们的格局就是0。如果有一天，你能觉得身边无一人不是好人，大家团结一致共创事业，那么恭喜你，你的格局终于突破了0，增大到了1。例如做业绩，自从你得了销售冠军，就整日提心吊胆地提防着第二名，生怕他超过你，但是你忽略了竞品公司的销售冠军。如果你把公司里的第二名当作对手，那么你的格局是0；如果你把竞品公司的销售冠军当作对手，全心全意地帮助公司其他同事集体进步，那么你的格局就是1。如果你最终意识到和你竞争的是全行业的销售，进而联合几位优秀的同行取长补短、共同提升业绩，那么你的格局就是10。如果有一天，你的眼中已经不再有对手，而只是一心想把事做好，那么你的格局将提升为100，这时你已经不在乎销售冠军这个头衔，你的眼中只有业绩，你坚信只要自己努力超越自己，那么其他人都不再是你的威胁。当然，在争夺销售冠军的路上，你可能成功，也可能失败，但不论成功或失败，那些与你竞争销售冠军的人都不再是你的敌人，因为这时你的对手只有自己。

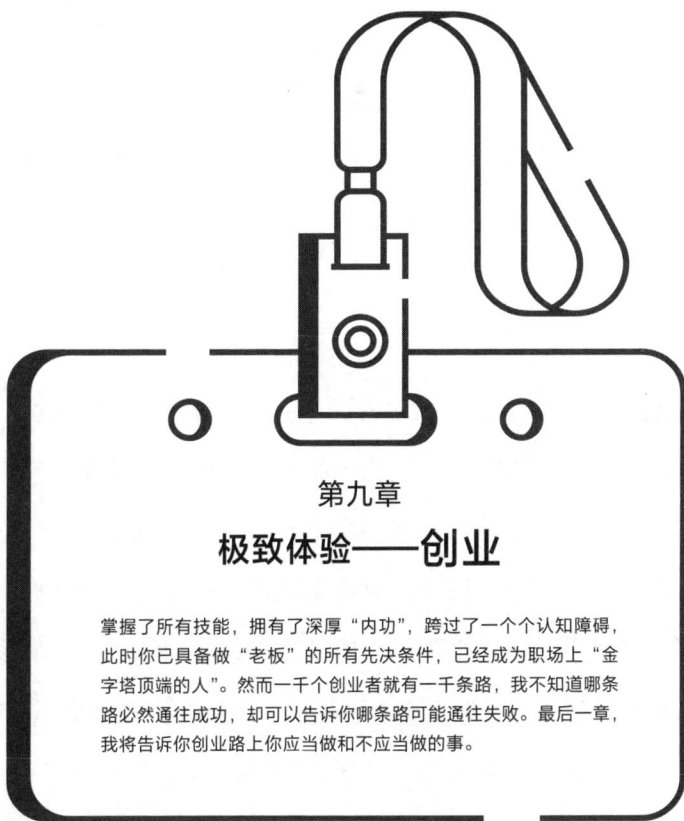

第九章

极致体验——创业

掌握了所有技能，拥有了深厚"内功"，跨过了一个个认知障碍，此时你已具备做"老板"的所有先决条件，已经成为职场上"金字塔顶端的人"。然而一千个创业者就有一千条路，我不知道哪条路必然通往成功，却可以告诉你哪条路可能通往失败。最后一章，我将告诉你创业路上你应当做和不应当做的事。

01

TO DO：如何运营一家公司

公司是一种组织，这个组织有两个运行目的，一是达成使命，二是持续盈利，因此公司就是一群人通过盈利达成共同使命的组织形式。运营一家公司的首要目的，就是完成公司的使命。有些人会把盈利当作使命，但结果往往事与愿违。为什么？一个原因是求乎中者得乎下，你把目标定为盈利，那么你最终得到的就只能在这个目标之下、不超过这个目标，也就是不盈利；另一个原因是，如果只是为了赚钱，那么你的公司与另一家公司的区别在哪里？如果没有辨识度，又怎么让团队和外界对你产生认同？如果缺少人们的认同，那么你的公司又何谈成功？使命一词在本书中不止一次被提及，它实际上是一个足够长远的目标，有多长远？严格地说，应该是穷尽一生都难以达成的，或者说，如果你想把你的公司打造为"百年老店"，那么你至少要拥有一个需要 100 年才可能达成的使命。

百年目标实在太遥远了，因此你还需要有阶段性目标，这个目标不需要那么长远，应该是在有生之年能实现的。为什么要有阶段性目标？因为通往使命的路途太遥远，有些人走着走着就会迷失方向，所以你需要以阶段性目标为路标，在到达终点之前为大家指引方向。阶段性目标中最长远的那个就叫作愿景，例如你可以把 10 年后的目标作为愿景。但愿景依然太遥远，你仍然需要将其进一步拆分为子目标，这些子目标就是未来 3 年或 5 年的阶段性目标。然而阶段性目标依然很大，你需要将其拆解为一系列项目去逐步实现，这其中最重大的那些项目就像一个个节点，这些节点连接成了一条路径，通向愿景。这条路径是用来实现一系列阶段性目标从而直达愿景的，因此被称为实现路径。

有了实现路径，如何才能确保这条路径的可行性？事实上没人能够保证，但的确有一些方法可以检验其是否存在明显缺陷，而最重要的一个方法就是看其是否能实现盈利。因此，现在你需要把阶段性目标和实现路径结合起来并建立一个盈利模型，通过这个模型来分析盈利的可能性，进而分析这条实现路径的可操作性，以及愿景、阶段性目标的可实现性。这一盈利模型就叫作商业模式。

从使命到愿景，这一过程是自顶向下的分解过程，而从实现路径到商业模式，则是自底向上的验证过程。运营公司时，你遇到的所有环节，都会同时出现自顶向下和自底向上两个过程，并且这两个过程缺一不可。接下来，你就要对阶段性目标进一步进行拆解，拆解的最终结果就是得出年度预算，狭义而言就是财务预算，广义而言还包括实现这个预算所需要的项目计划。财务预算的制定也要同时采取自顶向下和自底向上两个过程，如果没有自底向上的过程，那么预算就会因为脱离实际而变成空中楼阁；如果没有自顶向下的过程，那么业务部门上报的目标很可能无法匹配阶段性目标以至于无法实现战略规划。我们之前讲过，财务框架作为一种数据框架，是公司制度下最完备的数据框架，管理者必须掌握这一框架，并能在这一框架下进行数据分析，这样才能全面了解公司的现状，发现问题并找到解决方案。财务预算的基础是业务预算，做业务预算时需要在过往业务数据的基础上结合内外部影响因素进行迭代。这里要注意，关于预算，不仅要保留最终结果，更要保存迭代过程，尤其要严格记录迭代过程中使用过的各种假设条件。

为什么要严格记录假设条件？因为在实际运营中，需要做很多工作使预算得到落实，也就是要做能确保所有假设条件成真的工作，这些工作的列表就是项目计划。一个完整的项目计划应该覆盖预算中所有需要通过主观努力实现的假设，不能存在遗漏。项目计划中应该列明每一个项目所针对的假设，两者的关系可以一对多，可以多对一，也可以多对多，这样才能明确项目的目的。总结起来，项目规划至少要具备以下要素：项目目的、项目的交付结果、交付时点、参与人员，以及有且仅有一位的负责人。

项目需要被拆解为更小的子任务，子任务的要素与项目规划相同，原则上子任务被拆解得越细致越好，这样可以为项目执行者及时提供反馈。假如一个子任务的交付周期是一个月，要一个月后你才能获得反馈，那么最后如果没有达到预期，这一个月的时间就被浪费了；如果交付周期是一天，那么即使没有达到预期，也只耽误了一天，还有时间快速调整。以上是对于管理者而言，而对于执行者而言，他们更加需要快速反馈。就像体育训练，如果你的每一次动作都可以得到教练的及时纠正，那么你的进步会非常快，但如果只是关起门来自己练，那就很难提高。快速反馈对执行者的价值甚至比对管理者的价值还要大，其一它使执行者可以及时发现问题并及时改正；其二，它可以持续激励执行者，即便是负反馈也远好于没有反馈，缺乏反馈是导致懈怠的罪魁祸首。

公司之所以能成为最成功的组织形式之一，从外部看，得益于市场的交易机制，这种交易机制使商品和劳动得以在公司、员工及购买者之间进行高效交换，没有市场机制，就没有公司这种组织形式；从内部看，是因为现代公司制度建立了流程和数据的迭代机制。流程是迭代的基础，能保证之前的成果得到保留，让之后的优化可以在之前的基础上进行。这样就形成了积累，雪球就能越滚越大。数据则为迭代指明方向，它告诉你哪里有问题，问题是什么，以及如何优化。只有在这种机制下，公司才能不断被优化、壮大。而互联网的诞生使流程可以通过系统实现，从而更加规范与完整。与此同时，系统又产生了结构化的数据，使迭代方向更加清晰。因此，系统化既解决了流程问题，也解决了数据问题，可谓一箭双雕。

财务框架是迄今为止最好的数据框架，为了充分利用这一框架，你需要将公司的业务系统、数据仓库及财务系统打通，如此一来，你就可以在财务框架下对企业的所有数据进行全面、精准、高效的分析。同时，也可以一劳永逸地解决数据质量问题，让数据分析人员把主要精力集中在数据分析上，而非数据清洗。

当企业逐渐走上正轨，生存已经不再是挑战时，就应该考虑企业的"护城河"问题了。企业的目标不是一时的盈利，而是长期的持续盈利，那么能让公司持续盈利的"护城河"是什么？资源可以成为"护城河"吗？不能，因为资源是流动的，你有别人也可以有，拥有别人不可能拥有的资源，这件事本身可遇而不可求，也并不应该成为努力的方向。人才可以成为"护城河"吗？不能，人才也是一种流动的资源。商业模式可以成为"护城河"吗？不能，模式是可以复制的，你可以做，别人也可以做，与之类似的产品也是同样的道理。先发优势和市场占有率可以成为"护城河"吗？不能，以当今市场的开放程度及技术和需求的更新速度来看，先发优势的持续时间越来越短，甚至很多时候先发反而背上了包袱，成了劣势，诺基亚被苹果取代就是很好的例子。技术能成为"护城河"吗？或许可以，但问题是拥有那种别人无法掌握的技术需要长期的积累并投入巨大的研发资源，因此对于绝大多数企业而言，以技术为"护城河"在短期内并不现实。最终你会发现，过去人们认为的"护城河"，在现实中根本没有作用，或者即便有作用，获得它也如同中大奖一样可遇而不可求。思来想去，"护城河"的选项似乎只剩下品牌。品牌的实质是公众认知，在众多习惯中，认知习惯是最难改变的，对于个体如此，对于群体更是如此，比改变一个人的认知更难的，是改变一群人的认知。所以，以人们的认知作为"护城河"是最坚不可摧的。接下来的问题是，如何树立品牌？品牌的基数是产品与服务，乘数是广告和营销，二者可以迅速放大产品和服务这个基数。因此，首先保证产品和服务的质量，如果这个基数是负数，那么乘数越大，乘积负得越多，在基数较小的情况下，提升基数的投入产出比要明显优于提升乘数。

完成以上步骤仅做到了"管好事"，而运营好一家公司还需要"管好人"，正所谓管事是技术，管人则是艺术。

公司是由一个个活生生的人组成的，所有的流程和项目都是由人设计并执行的，管不好人一定管不好事。那么该如何管人？我们之前讲过"招培用留"这一流程，获取人才要从"招聘"开始。招聘时要着重考察两点，一是看这个人的价值观，其价值观不能与公司的价值观有冲突，管理者也不能在对方入职之后再强迫他认同公司的价值观，因此只能在招聘时排除那些与公司价值观迥异的人，所谓"道不同不相为谋"；二是看这个人是否认同并能熟练使用逻辑，逻辑是人与人沟通的重要途径，一个人如果没什么逻辑，便很难与他人顺利沟通。招聘到的人才还需要"培养"，你需要帮助他们养成良好的工作习惯，而其中最重要的一个习惯就是边思考边实践并反复迭代。想培养人才，你需要给他们留足够的发挥空间，不要让他们只是执行，而要让他们独立实践、发现错误并自我迭代。在"用人"方面，你要做到抓大放小，一位管理者要做的是发现并协调关键矛盾，越高层的管理者关注的矛盾点应该越少，这种少并不是忽略细节，而是将诸多细节汇聚到一个点上。在用人时，要使岗位的责权利严格匹配，这一点我们在前文中也提过，有权力就要有责任，有责任就要有奖惩。有权力没责任，会滋生职权滥用；有责任没权力，则会导致事情无法推动；权力和责任不与利益挂钩，则会导致员工既缺乏动力，又没有压力。淘汰是不得已的手段，走到这一步说明之前的几个环节中必然出现了问题，或是选人不严，或是培养不够，或是奖惩不明。另外，人才会流失也说明用人环节存在问题，并且大概率是奖惩不明。当然，功利的奖惩是基础，但不是全部，很多时候精神奖惩同样有效。

管人不只是管理个体，更是管理集体。管理集体的首要任务是寻找方向，确定应该做什么。在一个团队中，只有管理者才掌握了最全面的信息，所以决定团队发展方向的只能是管理者。指明方向之后，管理者还需要为团队提供工具，广义的工具既包括逻辑工具和思维框架，也包括快速试错、快速迭代的方法论，还包括业务系统、办公系统等作业系统。所谓"工欲善其事，必先利其器"，好的工具可以帮助团队充分发挥能力，达到事半功倍的效果，因此管理者把精力投入到工具的开发上才是明智的做法。

当你从部门或团队的管理者升级为整个公司的老板之后，你与员工之间的根本矛盾将会是利益分配。员工贡献了主要劳动却不能获得劳动所创造的全部价值，站在他们的角度看，这是一切不公平的根源。然而，站在你的角度看，却是另一番景象，公司创立之初所投入的成本让你承担了极大的风险，这种风险需要收益作为回报，身为老板，绝大部分收益来自公司的股份，公司的价值越大，老板获取的收益也就越大。这种高风险匹配高收益的机制看似合理，实际上却存在两个严重问题，一是钱多到一定程度后就只是数字，1亿元和100亿元都远远超出了老板满足个人物质需求所需；二是公司员工由于无法共享公司发展所带来的收益，失去了工作积极性，这使老板的风险进一步增大。为了削减这些风险，老板就需要更多的收益，而当老板把更多的收益据为己有时，员工就会更加缺乏动力，如此便形成恶性循环。为了打破这个恶性循环，"股权激励"应运而生，公司通过给予员工股（期）权从而将公司收益与员工共享，员工因为可以享有公司成长带来的收益，所以提高了工作积极性，公司的风险被降低了，员工的收益提高了，大家实现了共赢。股权激励缓解了公司利益分配的矛盾，可这只是缓解，并不是根除，那么有没有什么方法能根除老板与员工之间的这种利益矛盾？这里权当一道思考题留给大家去思考吧。

02

NOT TO DO：九死一生

很多创业者问我怎样才能创业成功？很抱歉，这个问题太大了，我回答不了。不过我虽然不知道怎样才能创业成功，却知道怎样创业一定会失败。我们常说，创业是"九死一生"，那么现在我就来告诉你所谓的"九死"是哪九条。

一则使命不坚。如果你只是为了温饱，千万不要创业，成为员工才是最适合你的方式。即便你的理想是赚大钱，但仅仅以此为动力，你依然会后继乏力。创业路上的艰难险阻很容易让你觉得自己赚不到大钱。只有某件让你觉得自己做了就"此生无悔"的事，才能支撑你闯过创业路上的千难万险。

二则目标不清。如果前文所说，10年以上的目标叫愿景，3~5年的目标叫阶段性目标，1年的目标叫年度预算，1个月的目标叫月度业绩指标，1周的目标叫周工作计划，这些概念应该刻在你的脑子里，以便你随时清楚地知道自己今天在做什么，明天又要做什么。

三则典章不备。流程告诉你每一步要做什么，制度告诉你每一步要如何做。流程和制度是公司自我迭代的基础，有了它们，你的公司才不至于每次都从零开始。通过技术把流程和制度固化到系统中，会大大提升流程和制度的执行效率，迭代的基础也会更加牢固，这是互联网兴起的原因之一。

四则数据不察。创业者必须懂财务，打通业务与财务数据是一个公司成熟的标志。

五则识人不明。创业者需要有发掘人才的能力。发掘人才一看理性能力，二看价值观，但不要试图强行改变别人的价值观。

六则用人不当。两个人即便能力相似，也会因性格不同适合不同的岗位，让内向者应付过多的交际和让外向者闷头做研究，后果都不堪设想，只有做到知人善任，方能人尽其才。

七则集权敛财。你可以把公司的所有员工都当作投资者，风险投资人投入的是资金，而员工投入的则是时间。有投资就要有回报，对于员工，你或者回报他们眼前的利益，或者回报他们长期的利益，眼前的利益无非薪酬待遇，长期的利益则是个人成长及股票期权，如果长短期回报你都给不了，那么员工就会离你而去，毕竟亏本的买卖没人做。

八则轻名重利。对于公司而言，利润是短期利益，品牌才是长期利益。利润可以让公司活下去，但没有品牌的公司就没有"护城河"，即便活着也朝不保夕。作为创业者，你甚至可以不关注利润，但却不能不关注品牌。所谓品牌，既包括对外的公司品牌，也包括对内的公司文化。公司的一切都可以被仿制，唯有品牌不行，品牌是公司的唯一标识，因为品牌是"大众认为你是什么"，是一种大众认知。公司之所以伟大，只是因为"大众认为你伟大"，因此创业者的所有工作核心一定是围绕品牌展开的，而且这件事除了你自己，没人能做。

九则兵无利器。创业像是打仗，而在战场上，士兵不能没有武器，创业的武器就是各种工具，狭义上说，工具至少包含了业务系统、财务系统、项目管理系统、日常沟通系统、审批系统等；而广义上说，工具还包含了方法论和逻辑。创业者要把这些工具打磨锋利，然后交给团队并训练他们熟练使用，这样团队上了战场才能有强悍的战斗力。

九死之后还有"一生",如何才能生?

快速迭代者生。作为创业者,每个人都有可能遇到上述九条,而让你有可能"死里逃生"的唯一方法就是快速迭代,快速发现问题,再快速解决问题,然后再发现新的问题,再解决新的问题。那么什么时候是尽头?只要你的公司还没有倒闭,你就看不到尽头,要知道,创业不是你的工作,而是你的人生。